메기와 청어

홍 지 현 자전에세이집

새미

메기와 청어

내가 예까지 살아 올 적에
세상을 상대로
지지 않으려고 부단히 애썼다.
메기에게 먹히지 않으려는 청어처럼.

청어 잡이

여기는 영국의 한 항구도시입니다.

바다에는 조그만 고기 배들이 떠다니고 큰배들도 드나들며, 공중에는 갈매기들이 날고 있는 아름다운 도시입니다.

바다 멀리 가서 잡아온 고기들을 팔려고 하는 어부들과 그것을 사려고 하는 상인들이 모여서 시장안은 무척이나 소란스럽습니다.

이 도시는 북극근처의 알래스카에 있는 청어를 잡아서 파는 어부들이 대부분 이었습니다.

하지만 운반거리가 멀어서 런던시장에 도착하면 청어는 이미 죽곤 했습니다. 그러기 때문에 어부들은 죽어버린 청어들을 헐값에 팔 수밖에 없었습니다.

어부들이 죽음을 무릎 쓰고 고기를 잡아오지만 헐값에 팔기 때문에 돈도 못 벌고 고생만 했습니다.

그래서 청어를 싱싱한 채로 내다 파는 것과 청어가 죽지 않는 비결을 아는 것이 어부들의 한결같은 희망사항이었습니다.

그런데 꼭 한 어부만은 언제나 살아있는 싱싱한 청어를 항상 배에서 내려놓기도 전에 아주 비싸게 다 파는 것이었습니다.

그렇지만 다른 배의 고기는 잘 사지 않아서 팔리지 않은 고기는 어쩔 수 없이 버려야만 했습니다.

어부들은 그 어부를 항상 부러워했고 어떻게 해서 청어를 살려서 오는지 궁금해했습니다.

“자네는 어떻게 해서 살아있는 청어를 파는가? 우리에게도 좀 가르쳐주게!”

동료 어부들은 그 비결을 가르쳐 달라고 사정 사정을 했습니다.

"뭐 그리 대단한 방법은 아니네. 청어가 죽는 것은 넓은 바다에 있다가 갑자기 좁은 배 안에 들어오면 적응을 못하기 때문이지. 청어를 담은 어항에 메기 한 마리를 넣어두는 것이네. 물론 메기가 청어를 한 두 마리쯤은 잡아먹지만 나머지 청어들은 잡아먹히지 않으려고 죽는 힘을 다해서 도망치기 마련이지. 그 까닭에 런던에 올 때까지 청어가 살아있는 것이네."

"아, 이렇게 쉬운 것을 우리가 미처 몰랐구나!"

-구원 열차 55호 중에서-

신부님들께서 다음 성경의 말씀을 잘 이해시키기 위해서 들려주시는 예화입니다.

<마귀가 우는 사자와 같이 삼킬 자를 찾을 때
잡히지 않는 유일한 방법은
늘 성령 안에서 깨어 있는 것입니다.>

가볍기 위해

발가벗는다.
태어날 때 발가벗고 죽을 때도 발가벗는다.
금세(今世)의 때문은 옷은 다 벗고 마침표를 찍는다.

갈아입는다.
처음이자 마지막으로.
영원히 걸치고 있을 내세(來世)를 시작하기 위한 옷으로.
이승을 털어 낼 옷을 벗길 때,
때가 적어 벗어도 추하지 않을 가벼운 옷을 입기 위해.
자의 반, 타의 반으로 입은,
때가 많이 묻은 옷을 몽땅 벗고 갈아입는다.
이전의 나는 지금의 나로, 지금은 미래로 향할 수밖에.
미지의 세계를 위한 현재, 축포의 울림을 다음 세대에게
선사한다.
'세상 선물을 바통으로 넘겨준 「의미 있는 삼세(三世-
과거, 현재, 미래)의 물림」을 준, 할머니가 이 세상을 살
다 가셨구나.'

존재하고 존재할 자손들에게 선사한다.
꼼꼼히 구석까지 잘 읽어보렴.
만족한 삶을 살았다고 자부할 순 없어도
할머니가 살아오며 터득한 것도 있으니,
미리 알고 살면 도움이 되리라.
이 세상을 살 적에, 선물이 되었으면 좋겠다.
우리 함께 감사드리자.

무엇보다 봇물이 터지 듯 단숨에 써내려 가게, 길잡이가 되어주신 현대수필의 윤 재천 선생님께 감사의 말씀 올립니다.

이웃사촌처럼 십여 년을 하루같이 보낸, 본 책을 세상에 나오게 해주신 국학자료원·새미의 정찬용 사장님께 감사의 말씀 드립니다.

2002년 2월

홍 지 현

차　례

5. 살아 갈 적에

1. 고뇌의
어린 시절

표현을 하지 못하니,
어른들은 전혀 몰랐을 거라고
생각하는 것들을 너무 많이 알아버리는,
어린 예닐곱 살 어린애 속마음을 알까.

안다면 그들은 얼마나 부끄러울까.

유일한 그녀

그녀는 그리 잘 생긴 편은 아니다. 그냥 보기엔 통통하고 혈색이 좋아 훤해 보이는 것 같으나 자세히 뜯어보면 옆으로 좁으며 튀어나온 이마, 푹 꺼진 작은 코, 툭 불거진 광대뼈, 다행히 눈과 입이 그런 대로 괜찮아 추녀는 면했다.

그녀는 너무도 뒤쳐진 자신의 처지가 맘에 들지 않는다.

오늘 일만해도 그랬다. 하고 싶은 것이 너무 많은 내 탓인가. 구렁텅이 같은 처지 때문일까. 너무 어린 그녀는 가늠이 서지 않아 답답하기만 하다.

그녀가 불행한 것은 순전히 그녀의 아버지 때문이다. 어떤 부모에게서 태어났느냐에 따라 행·불행을 달리한다 했던가. 그렇게 치부하기엔 아버지를 납득할 수가 없다. 계부도 아닐진대.

"이년, 내 나가거든 또 나왔단 봐라. 그냥 두나"하곤 돈이 잘되지 않는데도 밤낮으로 매달려 엮은 소쿠리, 광주리, 삼태기를 메곤, 먼 앞산을 넘어가며 십 수 번도 더 뒤돌아본다. 그녀가 밖으로 나오나 확인하려고. 고개를 다 넘은 걸 확인한 그녀가 큰 숨 들이마시며 나오기가 무섭게, 숨어서 보고있다 한걸음에 내달아 되돌아온, 아버지는 냅다 그녀의 머리채를 잡아끌어 광에 가둔다. 발에 채는 벗겨진 검정고무신은 낫으로 찍어 던지고, 이제 됐다는 표정을 지으며 손을 탈탈 털고 다시 떠난다.

9살쯤 됐을까. 울다 지친 그녀는 짚더미에서 잠이 들었다. 피곤도 하리라. 아버지의 벌이로는 호구지책이 서지 않아, 일 잘하는 어머닌 남의 집 허드렛일이나 삯바느질로 허리가 휜다. 어머니가 바쁜 날에는 2살 짜리 막내 동생 보기는 그녀의 차지로, 언니 등에서 떠나지 않아 하루종일 업고만 지내야하니 어린 허리가 남아날까. 5살 더 많은 언니가 있기는 하다. 그 언닌 손끝이 야물어 어머니가 함께 대동(?)해 어른 행세가 일렀으니, 그녀하곤 같이 행동할 계제가 아니다.

언니는 그렇고, 늦게 본 막내는 처음엔 아들이 아니라 마땅치 않게 받아들였으나 하는 짓이 너무 앙증맞고 깨물어 주고싶게 생겨, 누군가를 좋아하는 것과는 거리가 먼 괴팍스런 아버지까지 그녀를 보면 좋아한다.

어쨌거나 애보긴 그녀의 몫일 수밖에. 애보기가 그렇듯이 몸종이 상전 모시 듯, 애면글면 돌보아줘도 허구한날 꾸지람은 그녀의 차지다. 감수성이 예민한 그녀는 자신의 처지가 싫다. 정말이지 싫다.

언제부턴가 울지 않기로 했다. 어린 그녀지만 운다는 건 무엇에든 진다는 걸 알았기 때문이다.

태어날 때부터일까. 무엇이든 배우고 싶은 마음이 간절함이 마음속에서 떠나지 않으니 이도 큰 병이리라. "너같이 못생기고 심통 맞은 년이, 책 나부랭이나 뒤적이면 눈꼴 세져, 그 꼴 못 본다"하며 소(초등)학교 근처에는 얼씬도 못하게 한다. 어렵사리 구한 책은 번번이 아궁이 속으로 들어가니, 자나깨나 공부하고 싶은 맘이 맴돌고 떠나지 않아 괴롭기만 하다.

못하게 하는 것은 더하고 싶은 것이 인지상정이다. 가치추구의 특권을 착취당하는 처지니, 무슨 말이 필요할까.

며칠 전에도 불호령과 함께 던져진 목침에 맞아 이마에 혹이 커다랗다. 밥 때가 한참 지나도록 돌아오지 않았기에, 애는 지쳐 보이고 밑은 축축이 젖었으니. 자주 그렇듯이 초등학교 교실 창 밑 나무 뒤에 숨어, 구구단 따라 외우기가 어찌나 재미있던지, 시간가는 줄 모르고 있다가 날벼락을 고스란히 맞았다.

비록 교실 바깥신세라도 요즈음 그녀의 최고의 즐거움은

구구단 외우기, 국어 책 따라 읽기와 노래 따라 부르기다. 그렇게 좋을 수가 없다. 스스로 장하다 생각하며 '나 참 잘하네'하며 얼굴의 홍조를 속으로 삭이며 느끼는 희열을 무엇에 비기랴. 향학열이 강했던 그녀이기에, 훗날 아버지의 큰 선심으로 입학한 막내 덕으로 그녀의 학식도 자리를 잡았다. 아무리 큰 수라도 가감산과 곱셈, 나눗셈까지 못하는 셈이 없다. 정상으로 졸업하는 아이들 중에, 그녀보다 못하는 아이들이 태반이다.

그녀와 달리 언니는 공부에 관심이 없어, 까막눈을 면치 못했으나 총명하고 영리해서 한번 맛본 음식은 누구보다 맛있게 하고, 먹기에도 아까울 정도로 예쁘게 담아낼 줄 아는 센스도 갖췄다. 말도 청산유수라 '여변호사' 별명까지 얻을 정도이다. 학교를 못 가서 서럽지, 두뇌 명석한 내력은 있나보다.

동생은 소학교를 졸업한 유일한 인재(?)답게 공부 잘하고, 없으면 없는 대로 예쁘게 치장할 줄 알아 "우리 깍쟁이, 우리 깍쟁이"하며 독판으로 부모의 귀여움을 받는다.

언니는 그녀와 정반대의 성격으로 곰과 여우에 비견된다. 그녀가 성장하면서 이기적인 언니는 자기 자신의 이익을 위해, 그녀의 매사를 어긋나게 한다. 막내는 처음부터 속내가 맞은 큰언니에게 줄을 서니, 억울함이 울분으로 전이돼도 이해해 주거나 하소연 할 상대가 없어, 빈 마음을 채울 재간이 없다. 비록 상대를 찾아도 감정이 격앙된 그녀의 말에 진정으로 귀 기울어줄, 이가 없어 참으로 비참했다.

아버지로 인한 엉망인 입지에다 누구보다 약아빠진 위아래 자매의 단합으로, 더 찌그러진 그녀는 따돌림을 일치감치 집에서부터 받았으니, 이 세상에 사랑이 존재하는지조차 모르는 외곬소녀로 클 수밖에 없었다.

그녀의 본 성격은 의지력에 유머도 갖춘 여유 있는 성격인데, 어릴 적 가정 안에서의 모순과 갈등이, 외향성이 강하고 기복이 심한 모난 성격으로 만들어지게 했을까. 사랑이 철저하게 배제된 삶을 살게 했을까. 그녀가 마지막으로 가는 길목이 너무도 쓸쓸했던 것처럼, 참담하게 불우한 인생이 모질고도 안쓰럽다. 그녀의 인생을 되짚어보면 사람에게 사주팔자가 있는 듯 하다.

그녀 나이 열 일곱 살, 결혼한 사람은 정신대에 끌려가지 않는다는 소문에 밀려, 시집가는 것이 뭔지도 모르면서 엉겁결에 떠밀리 듯, 시집을 갔다. 옛 씨족사회의 형성으로 이뤄진, 멀고 가까운 친척들이 모여 사는 집성소인 그런 동리로 시집갔다.

시집간 집은 조상께 물려받은 아담한 초가에 조실부모한 두 형제가 살고, 살림은 이웃 친척들의 도움으로 꾸려가고 있었다. 신랑도 급한 사정이라 결혼했는가, 장가가기엔 아직 이른 21세다. 조금 큰 키에 약간 비대해서 몸집이 크고 생김도 그리 곱살하지 않은 색시에 비해, 신랑은 몸집과 키가 크지 않은데다 예쁘장하고 얌전해 샌님같이 생겼으니, 남녀가 바뀐 격이라는 말을 들었음직하다. 조실부모로 자란 남자와 삐딱하게 자란 여자가 만나 가정을 꾸렸기에 어려움이 많았다.

구설수의 인생까지 살게됨은, 가족 안에서 인정받지 못한데서 비롯된 것일까. 구설수는 행동의 절제의 부족에서 비롯되듯, 간혹 그녀의 무절제한 행동으로 심심찮게 친척 아녀자들의 수다 거리를 제공하니, 그녀의 어림을 탓할까. 그녀를 따르는 구설수중 가장 나쁜 것은 이성에 대한 엉성한 태도 때문이다.

시집 온지 얼마 안돼, 벽은 같이 했으나 대문은 반대편에 있는 영호네 집 문간방에 혼자 세 든, 노총각 방에서 나오는 그녀를 본, 영호 엄마는 아연실색하며

"아니 색시, 자네가 어찌 개서 나오는가."

"그냥 놀러 오래서, 놀다 가는 거예요."

"뭘 하며 놀았는데."

"그저…."

나이 어린 새댁이지만, 그런 행동이 뭔지 몰랐단 말인가.

그녀의 남편은 전차운전과 정비를 겸해, 기름 묻은 작업복을 평상복처럼 입는다. 언제나 무언가 열심히 만지작거

리는 것을 낙으로 삼고 하루에 한두 마디면 족해, 재미없는 신랑과 신혼생활을 맞은 그녀는 결혼이란, 다 이런 거겠지 했다.

그녀에게 예고 없이 엄청난 비보가—.

안개가 자욱한 겨울 새벽녘, 트럭을 운전하던 남편이 좁은 다리인 줄 모르고 그대로 달리다, 강에 추락해 사망했다는 거다.

어린 두 딸에 웬만큼 부른 뱃속의 아이까지 남기고, 짧은 인생을 마감하고 그렇게 훌쩍 떠났으니, 나머지 몫은 졸지에 청상과부가 된 그녀의 몫이다.

결혼한지 7년째로 그녀 나이 겨우 24세. 남편은 지방곳곳에 다니면서 농수산물을 수송하느라, 대체로 한 달이나 두 달만에 집에 온다. 거기다 전쟁도 치르고 2년 터울로 연거푸 딸 셋을 낳으면서 정신없이 사느라, 부부 정을 느낄 새도 없었다. 슬픈 일인지 어쩐지 실감이 안 나고 아이들과 살아갈 걱정이 머리에 가득하다. 철이 늦되게 드는 그녀에겐 너무 커다란 짐이다.

셋째 딸은 피난 중 홍역으로 잃고 또 임신한지 5개월 즈음의 일이니, 아들 낳기를 고대했으리라. 몸집이 크고 일의 두서도 부족한데다, 계속적인 임신과 출산으로 살림이 엉망이다.

5개월 후 그나마 고대하며 바라던 유복자가 아니고 유복녀를 낳으니, 그녀와 행운하고는 거리가 먼 터이다. 초년부터 시작된, 복이 지지리도 없음이 여생을 통해 이모저모 그렇게 나타난다.

다니러 와서 살림을 도왔던 친정부모와 오빠가 월북할 때, 막내아들이 너무 어리다며 두고 간 조카까지 살림을 합한 다음, 아이들과 살림은 어머니께 맡기고 자리를 털고 일어나 호구지책에 나섰다.

벌이라곤 한 번도 해본 적이 없던, 그녀가 책임질 식구는 모두 일곱이다.

그 곳은 어디였을까

1951년 겨울

주위가 소란스럽고 많은 사람들이 웅성거리며 모두들 한 방향으로 분주히 가고있는데, 우리 일행은 외할아버지와 할머니의 실랑이로 멈춰 섰다.

아주 큰 보따리를 두개 얹은 지게를 지고 계신 외할아버지께

"날씨도 춥고 어리니, 이불 위에 태우고 갑시다."

"싫소. 그렇지 않아도 힘든데 괜시리—."

"이 어린것이 얼마나 힘들겠수, 임자 그러지 말고 태웁시다."

하며 몇 번이나 5살 짜리 나를 들어다가 올리는 시늉을 하는 것이었다. 나는 떨어질까 봐 무서워 타기 싫었어도,

완강하게 거부한 할아버지의 모습이 내내 기억 속에서 지워지지 않는 까닭은 무얼까.

2살 터울인 언니와 나는 아주 커다란 짐을 이고 아기까지 업은 엄마를 쫓아가는데, 가면서 이것저것 한눈파는 우리들 때문에 몇 십 번이나 뒤돌아보고 챙겼으니, 피난길이 얼마나 고됐을까. 집 근처 외에는 가보지 못했던 내겐, 많은 것을 경험한 계기가 되었다.

겨울 날씨임에도 용변보기 편하게 밑을 튼, 검정 솜바지 가랑이 사이로 걸을 때마다 왼쪽과 오른쪽으로 번갈아 가며 들어오는 바람으로 엉덩이가 시려웠던, 눈에 번쩍 뜨인 노르스름한 위에 흰색 줄쳐진 왕사탕이 가득 든 봉지를 줍고, 그 맛에 매료되어 재촉하는 엄마와는 아랑곳없이 점점 멀어졌던, '왜 이렇게 길에서 자는 사람이 많지?'하며 낑낑대며 그들을 넘어서 가느라 힘들었던 기억.

"쌔앵~ 쌔앵~"

"폭격기 떴다. 빨리빨리 들어가 숨어! 나오라고 할 때까지!"

재빨리 사방으로 흩어져 꼭꼭 숨는다. 머리카락 보일라. 자라면서 많이 했던 '민방위 훈련'은 무색할 거다. 5살 짜리 꼬마가 기차게 했으니. 엄마는 내가 누구보다 제일 잘했다고 하셨다. 언니 등 나오라고 하기도 전에 나오는 아이들이 많아 애를 먹였는데, 미리 나오면 죽는다는 말을 알아들었는지, 찾기도 힘든 데 숨어 있다가 나와도 될 시간이 한참이나 지나도 나오지 않아

"애가 폭격 맞아 죽은 거 아냐?"

애타게 찾기를 여러 번. 나중에 '짠―'하고 나타나, 그럴 때마다 "이산가족 맞는 기분이 그럴 꺼다"라고 말씀 하셨던 기억.

말이나 소를 기르는 곳이었을까. 아주 커다란 마구간과 좀 떨어진 오두막에서, 밤중에 우리아기보다 더 갓난아기 엄마와 우리 식구들이 자고 있을 때

"쌔앵~ 쌔앵~ 피융!!"

"얘들아! 우리 집 폭격이다. 빨리 나가! 어서 빨리!"

자다가 놀라 그대로 밖으로 뛰쳐나갔다. 눈이 언제 그리 많이 왔을까. 양쪽으로 내 어깨만큼 쌓인 눈밭에 한 사람 다닐만하게 굴같이 낸 길을 마구 달렸다. 사람이 있음직한 곳은 폭격을 해, 여기저기 불이 나고있는 웅장한(?) 광경을 잊을 수 없으니, 깜깜한 밤에 본적이 없는 그렇게 넓은 흰 천지와 붉게 타오르는 불의 조화를―.

"아줌마! 우리애기! 우리애기! 애기를 미처 데리고 나오지 못했어요!"

같이 있던 아기엄마가 발을 동동 구르며 울부짖는다.

"뭐라구! 참 나, 딱도 하지."

엄마는 무조건 불 속으로 뛰어들어가

"아그 받아!"

아기를 아기엄마에게 던져 무사히 구출했다는, 그 때의 일화는 내내 엄마의 훌륭한 무용담이 되었다.

또 있다. 눈발이 흩날리는 깜깜한 밤, 그 날은 외할머니와 외사촌 오빠도 함께였다. 짐을 싣고 다닌 손수레 옆, 한데다 요를 깔고 이불을 덮고 모두들 함께 자려하는데

"여기 우리 이불이 있네. 이거 우리 이불이 틀림없어."

별안간 어떤 아주머니와 커다란 오빠가 우리 이불을 끌어당기는 것이었다.

"무슨 소릴. 솜둥치 이불을 예까지 이고 지고 오느라 얼마나 고생이 많았는데"하며, 할머니와 엄마가 그들과 실랑이하는 동안, 난 이불 속에서 뺏기지 않으려고 똥쌀 때 힘주듯이 죽어라하고 한참이나 이불을 꽉 움켜쥐었던 기억.

십 수 가족이 같이 지냈던, 아주 커다란 교실인 듯한 문 앞에서 어떤 컴컴한 아저씨 둘이 우리아기를 안고 어디론가 데리고 간다.

"아그, 아그, 불쌍한 우리 아그!"

울면서 쫓아가는 엄마를, 그들이 저지하자 땅에 털썩 주

저앉는다. 심상치 않음을 눈치챈 나는 무서운 아저씨들을 몰래몰래 좇아갔다.

그들은 커다란 강가 모래에 구덩이를 한참이나 파더니, 우리 아기를 거기다가 묻는 것이었다. 난 너무도 무섭고 놀래, 뒤돌아서 한참이나 내달았다.

다음날 아침 눈뜨자마자 몰래 거길 가보았더니, 거기엔 구덩이를 판 흔적도, 우리아기도, 아무 것도 없었던—.

내내 못 잊을
그 곳은 어디였을까.
밤이면 유난히 강 건너 불빛이
그윽해 보기 좋았던
그 곳은 진정 어디였을까?

그 분

내 어릴 적 시절을 그림으로 표현하면 검정과 보라색을 많이 쓴, 우울하고 깊은 고뇌의 느낌을 주리라.

항상 머릿속에서 떠나지 않는 장면이 있다.

아버지인지, 작은아버지인지 모르는 것부터 맘에 안 든다.

6살 때 돌아가셔서 어떻게 생기셨는지 기억에 없으나 또렷하게 떠오르는 그때의 상대가, 두분 중 어느 분인지 잘 모르다니 너무도 안타깝다.

아버지일 가능성이 많다는 것 외에는 가늠이 안 선다. 그 분이 달래느라 안고, 업고, 목말까지 태워도 막무가내로 울고불고.

나는 안다. 내가 왜 그랬는지를.

어른들은 트럭을 몰면서 운수업 하는 아버지가 한번 떠나면, 한 달이나 두 달 후에 오니 떨어지기 싫어서 떼를 쓴대나.

그 말은 전혀 틀린 말이다.

쪼끄만 계집애의 기만이었다.

나는 그분이 목말을 태우자마자 울음을 뚝 그치고 회심의 미소를 띠었으리라.

작전, 성공!

지금도 또렷이 화폭의 그림처럼 떠오른다.

서울 변두리에 위치한 동서로 쭉 뻗은 대로(大路).

대로가 옆, 아랫동네, 집 지붕과 대로의 높이가 비슷하니 요철(凹凸)모양에서 파인 '요'에 우리 동네가 형성되었다.

장마철이면 제일 먼저 물난리로, 그런 난리가 없다.

모처럼 동네에 가득한 물로 임시 수영장이 되어

눈오는 날 강아지처럼 신이 난 우리들은

뒷문이 있어 줄줄이 통하는 집집을 통과하는

물의 미로를 돌면서 숨바꼭질을 하며 놀았다.

동동 떠다니는 똥 덩이들과 함께.

말을 탄 기병대가 되어 늠름한 척, 거드름으로 작은 눈을 게슴츠레 더 작게 뜨고 앞을 가른다. 동네도 가운데를 동서로 큰길을 만들고 양쪽으로 계속 붙여서 지은 집들은, 종대로 서열 된 부하들이 되어 지나가는 내게 받들어 총이 된다.

영희네, 종수네, 영기네, 봉기네, 남이네, 선자네, ……. 평행선 서쪽 끝, 화폭으로 치자면 소실점 위치인 희순이네 집 옆, 큰돌을 박아 만든 층계를 오르면 큰 차도와 인도가 있는 대로에 닿는다.

요(凹)에서 철(凸)로 빠져나가는 순간이다. 인도를 한참 가다가 큰 로터리에서 찻길을 두 번이나 건넌 후 정육점, 쌀집, 의원을 지나 좀더 가면, 돌아가는 귀퉁이에 알록달록 목적물이 그득한 구멍가게에 도착한다.

목적을 달성한 나는 너무 좋아했을 터이고, 집으로 돌아와 떠나시는 그분을 쳐다보지도 않았을 터이니, 그분의 심정은 어떠했을까.

겨울이지만 봄날같이 따뜻하고 포근한 어느 날, 그 분과의 마지막 이별은 그 분의 일이 바빠서인지 서둘러 가시느라 나와의 통과의례 없이 가셨다. 일 나가는 분을, 펄펄뛰며 상을 당한 사람처럼 대성통곡하며 보내드려, 내내 나 때문에 그분이 그렇게 됐다는 탓도 많이 들었다.

그 비보는 별안간 준비 없는 때에 왔다.

난 대청에 있었고 부엌에 딸린 쪽마루에 계신 할머니가
“너그 아버지가 제일 좋아하는 배추꼬랑이 국을 끓여야지.”
오늘쯤 올 거라 하며, 물이 든 철통함지박에 반쯤 담긴 것을 정성껏 손질하고 계셨다.
대문이 거칠게 밀쳐지면서 군복처럼 생긴 옷을 입은 분이 들어와, 할머니께 무슨 쪽지를 건네면서 무어라 말했다.

“밤…, 안개…, 다리…, 트럭…, 강물…,
조수석…, 운전석…, 그 분은…….”

할머니는 별안간 함지박을 마당에 내동댕이치고 무당처럼 대청을 쾅쾅 구르며, 큰소리로 무어라 고함치듯 말하며 대성통곡했다.
금새, 동네사람들이 마당에 가득 모여, 눈시울을 적시며 한마디씩 무어라 했다.
구경거리 제공자가 된, 나는 의기양양해져 또래 애들에게
“가, 무슨 구경났어”하며 으스대니
“쯧쯧, 저 어린것이 아무 것도 모르고 저러네.”
난 정말 아무 것도 몰랐다.
그 분이 일 가실 때마다 얻었던, 최상의 획득물이 더 이

상 없게 됐음을.

그 분께서 오시면, 그때마다 트럭에 남겨오는 갖가지 맛있는 과일로, 선심 공세에 나서면서 언제나

“야, 줄서, 줄. 삐뚜루 서는 애, 안 준다”하며 아이들에게 삐기는 일이 끝났음도.

살아가며 내내 삐기기는커녕, 항상 가진 것이 부족해 주눅들어 살 수 밖에 없던, 그 다음 삶도—.

원조 치맛바람

공부에 한이 맺혀서일까. 엄마는 국민(초등)학교입학부터 치맛바람이다.

나를 사범부속국민학교에 보내기 위해 애썼으나 기억하고 싶지 않은 일, 두 가지가 만들어졌을 뿐이다.

어린 내게 불을 넣어하는 불파마를 하는데, 두렵기도 하고 너무 길게 걸리고 더운데다 소변을 참느라 무지 힘들었다. 어른들이 벌리는 일을 안 할 수 없기에. 다하고 나오는 길에서 체면이고 뭐고 반은 옷에다, 반은 길에다 소변을 보았다. 다행히 어둑어둑해져 잘 보이지 않았으나 어렸을 때의 일 가운데 가장 큰 수치로 기억된다.

엄마와 입학시험 보려고 집에서 학교까지 1㎞쯤 떨어진 길을 가면서, 예쁘게 해서 시험에 합격하라고 해준 파마머리가 부-하게 일어 날대로 일어나, 가는 길 내내 머리를 가라앉히느라 씨름했다. 사진으로 남지 않은 게 다행이나 그 모습이 얼마나 가관일까, 보고싶기도 하다. 지금도 머리카락이 가늘고 힘이 없어, 파마 후 자지러진 머리카락이 열흘은 지나야 숨을 돌리는데, 어린 머리카락에 불까지 얹었으니 불 보듯 뻔하다.

면접시험을 보는데 얼이 빠졌던지, 선생님이 물어보는 말의 뜻을 전혀 알아듣지 못해 벙어리 행세였으니, 떨어지는 건 당연한 결과다. 시험에서 떨어진 적이 없다며 으스댈 때엔 걸림돌로 남았다.

초등학교 입학 후, 언니와 달리 공부하는 것을 좋아해서 성적이 좋으니, 신이 난 엄마는 툭하면 한복을 곱게 차려입고 학교에 온다. 당신이 가고싶던 학교였기에, 더 자주 온 것은 아니었을까.

다른 엄마들도 그랬는지 기억에 없으나 아무튼 엄마가 학교에 올 때의 광경은, 수업과 상관없이 교실 앞문이 드르륵 열리고 문에서 허리를 90도로 굽히며 최대한 공손한 자세로 “선상님, 안녕 하셨습니까.” 교실 교탁이 있는 가운데쯤에서 똑같은 모습의 두 번째 인사, 끝으로 책상에 앉으신 담임선생님 앞에서 세 번째도 또, 똑같은 인사를 하는데도 별로 의식하지 않고 공부한 것을 보면 왕왕 있는 일인 듯하다.

지금은 상상도 할 수 없는 그림이나 그 당시에는 그런 행동이 통했으니, 그 때가 살기 좋았다는 어른들의 말이 맞나보다.

누가, 어떤 일을, 어느 때 하는가에 따라 좋게도 되고 나쁘게도 되니, 참으로 요상하다. 같은 행동이라도 때에 따라 점수 매김이 달라지니.

매 인간사, 처한 상황에 맞게 자연스럽게 대처해 살아가야겠다.

인상에 남은 두 번째는 자모회 오락시간의 일이다. 나올 차례가 된, 뚱뚱하지만 트레머리와 옥색한복이 잘 어울려 부잣집마나님 같은 엄만 “도라무(드럼)통 나갑니다”해서 한바탕 웃기곤, 큰 몸에 어울리지 않는 꾀꼬리 같은 목소리로 당시 유행하던 십팔번인 ‘사도세자’ 주제곡을 불렀다.

금이야 옥이야 태자로 봉한 몸이
뒤주 안에 죽는구나 불쌍한 사도세자
꽃피는 청춘도 영화도 버리시고
흐느끼며 가실 때엔 밤새들도 울었소
궁정은 풍악과 가무로 즐거운 밤
뒤주 안에 웬일이요 야속한 사도세자
황금의 왕관도 황금도 버리시고
억울하게 가실 때엔 가야금도 울었소

잦은 자모회와 수업공개로 학교에 자주 오면서 행복감을 느꼈을, 모성애가 담긴 그분의 모습이 눈에 선하며 가슴이 저리다.

'기대가 크면 그에 부응키 위해 열심히 공부한다'는 학습심리학을 빌리지 않더라도, 실망시킨 큰딸에 비해 성적이 더 좋아서 신이나 하며, 몇 정거장을 가야하는 담임선생님께 받는 과외공부도 항시 시켰다. 지금의 고액과외에 해당된다. 엄마의 기대에 부응키 위해 열심히 공부했고 공부하기도 좋아했다.

초등학교 4학년, 공부하기 좋아하는 내게 획기적인 일로, 공부 굳히기의 발판이 되면서 상승가도를 달리게 된다.

획기적인 것의 주인공은 앉은뱅이 책상인데, 그 당시엔 아주 귀한 선물이다.

음식솜씨가 좋고 부지런해 살림 잘하는 할머니께서, 멀지 않은 곳에 대학교가 있어 하숙이나 자취생을 치게, 우리도 집을 새로 짓자고 했다. 방이 둘인 오래된 초가집을 방이 4개인 기와집으로 다시 지었다. 자취생이 들었는데, 그 중 한 명이 군대를 가게되어 내게 책상을 물려주었다.

나는 얼마나 좋은지, 학교에 갔다오면 대부분의 시간을 그 책상에 앉아서 공부만 했다.

"아가, 친구들하고 놀기도 해야지. 너무 공부만 한다. 어

이 나가 놀다와서 공부해"하는 어른들 말씀에 덧 장치 만들기를

"얼마큼 놀다올까요"에서 구체적으로 "한시간 놀다올게요"로 정하고 놀면서, 시계차고 가는 아저씨들만 보면 쫓아가 "아저씨, 지금 몇 시예요"하니, 노는 데는 별 재미를 느끼지 못했나보다.

그럴 것이, 그 당시엔 중학교에 합격하기 위해 고학년이 되면 입시에 대비키 위해 한, 두 과목씩 매일 시험을 봤다. 지금의 고등학교만큼이나 열띤 경쟁으로 1,2 등을 다투며, 과외나 가정교사를 두고 공부에 치중하는 시기였기에. 게다가 매일 시험본 점수로 '성적순 자리배치'에서 1,2등이 1분단 앞자리부터 앉게되는데, 자칫 게을리 하다간 1분단 뒷자리는커녕 다른 분단으로 밀릴지 모르는 상황에선 공부만이 전부였다.

책상에 장시간 웅크리고 앉아생긴, 축농증으로 하루에도 코를 십 수 번 풀고, 깨지게 아픈 두통에 시달렸다. 어른들이 책상에 앉는 것을 말려, 몰래 이불 속에서 손전등을 켜고 공부했던 기억이 날 때마다 공부가 쉬운 것도, 좋은 것도 아니면서 기를 쓰고 한 것을 보면 입시의 위력은 대단하다.

요즈음 초·중·고 어느 급 학교든지 입시가 없어진 다음부터 학력이 떨어진다는 말을 들을 때마다, 어떤 형태든

지 어느 정도의 장치는 필요한 게 아닌가 하는, 시대에 역행하는 생각을 하게된다.

역사는 만들어지는 시대의 행로이니, 역행의 생각도 삼각형 꼬리표 감이다.

다른 아이들도 다 그랬을까

* 어린애 속마음

표현을 하지 못하니, 어른들은 전혀 몰랐을 거라고 생각하는 것들을 너무 많이 알아버리는, 어린 예닐곱 살 어린애 속마음을 알까.

안다면 그들은 얼마나 부끄러울까.

그 소녀는 왜 몰라도 될, 알아도 전혀 인생에 도움이 안 되는 그런 구질구질한 일들을 알아버리는 걸까. 어찌해서 내내 잊혀지지 않는 걸까.

집에서 가자면 좀 멀리 떨어진, 자주 놀러 가는 외가친척이 사는 동네가 있다. 우리동네를 벗어나 제일 많이 간 유일한 곳이라, 거기서 경험하고 느낀 것이 많았다.

그 친척집 식구 구성원은, 부모를 일찍 여의고 제일 큰오빠가 일찍 결혼해 살림을 꾸려갔고, 그 아래 2남 2여로 막내여동생이 나보다 5살 위로 모두가 연배인 5남매는, 당시로도 개성적인 신세대적인 색깔을 띄며 기이함으로 다가왔다.

내게.

그 중에서 여우라는 별명을 가진 막내는 바로 위 언니의 부추김과, 오빠들의 영향력으로 자신의 기량을 한껏 발휘했다. 위아래 할 것 없이 휘두르며 동네골목대장 노릇을 했다. 아직 어린 나는 그녀가 끼어주는 것만으로도 감지덕지하며 충실한 부하로 만족했다.

그녀는 놀이에 대한 아이디어가 비상해, 그녀와 그 동네 언니와 오빠들과의 일들은 매 회가 이벤트다. 특히 이야기 줄거리가 있는 연극인데, 그녀의 지시에 따라 일사불란하게 꾸며지는 무대장치와 분장과 소도구들의 준비는 가히 마술에 가깝다. 연극에서도 그녀는 총감독이 되어 모든 것을 총괄해 진행하며, 모든 단원(?)들은 무조건 복종으로 잘못될 일이 없으니, 연극은 매번 대성공이다.

참여한 초기 당시의 난, 초등학교 입학 전으로 그들이 어른이 되어 가는 과정을 함께 지내면서 겪은 터이지만, 대부분 초등학교에 다니는 어린 시절의 일이다.

픽션놀이가 비상하듯, 논픽션에도 비상했던 그들의 비행을 알았다. 커가면서, 알았던 일들이 인지되면서 지난날 행동을 비판하며 치를 떨었다.

나와는 사뭇 다른 색깔의 집합체에 대한 안티의 빗장인지 몰라도.

* 둘째 오빠

그들 중 그녀의 제일 큰오빠는 일찍 결혼했으니, 나중에 그에 대한 이야기를 하기로 하고 둘째 오빠 이야기부터 해볼까.

그는 고등학교 교복이 썩 잘 어울리는 모범생 모습으로 학교생활도 열심히 하는 편인 것으로 느껴졌다. 나와 나이가 차이 져, 그에 대한 기억은 적으나 그 후 몇 년이 지날 때, 난 보았다.

후에 그녀네가 집을 짓기 위해 임시로, 큰 올케의 언니가 사는 2층집으로 이사를 갔다. 일층엔 그녀네가, 문간방과 이층엔 올케의 언니네가 살았다.

여름방학 때 놀러간 그 집이 조용해서 이층에는 누가 있나 올라갔는데, 난 보아서는 안될 것을 보고 말았다. 올케의 언니와 그녀의 둘째 오빠가 같이 누워있는 것을—. 그녀의 올케의 언니는 후에, 그 오빠와 똑같이 닮은 아들을 낳았다. 올케의 언니는 올케보다 12살 더 많으니, 둘째 오빠는 고등학교를 졸업한지 몇 해 안됐다.

그 아이는 2층집 막내아들이 되었으나, 속 촌수를 따지자면 엉클어진 촌수로 머리가 어지럽다.

나를 더욱 혼란스럽게 만든 것은, 올케의 언니의 남편은 허우대가 멀쩡하고 회사에도 다니는 지극히 정상적인 남편인데, 1층 문간방에서 혼자 지내고 있다는 사실이다. 2층 언니부부는 슬하에 3남매를 둔 평범한 가정이다.

먼 훗날, 이층 언니의 남편은 실직 후 마누라 등쌀에 신분증도 두고 집을 나간 후 소식이 끊겼다고 들었다. 남편을 내쫓은 거나 매한가지인 소행이 그렇고 그런 그 마누라 왈, 가끔 남편이 돈을 많이 벌어 금의환향하는 꿈을 꾼다나 어쩐다나. 어쨌거나 도덕 불감증에 걸려있는 그 마누라, 눈과 입이 따로 놀 듯, 머리와 가슴이 따로 달린 괴인임이 틀림없다.

* 남매

그녀의 셋째 오빠는 왜소한 체구임에도 재치와 유머에 넘어가는지, 그와는 전혀 어울리지 않는 세련된 여자들을 바꿔가며 사귀는 것이다. 멋진 여자들이 어찌 자기보다 작고 가녀린 남자를 좋아하는지 참으로 신기했다.

그냥 순수한 만남이 아니고, 툭하면 그 집 건너 방에 와서 같이 자고 가는 것을 보았다. 많은 사람들이 같이 살고 있어, 뻔히 보고 있는 집에 와서.

그때부터, 예쁘기만 하고 머리가 빈 것 같은, 특히 담겨 있는 것 없이 쌍꺼풀진 눈이 예쁘기 만한, 인형같이 생긴 여자는 아무리 예뻐도 예쁘게 보이지 않는다.

강산이 한번 바뀐다는 10년이나 지난 후의 여고생 때, 교복 외에는 절대로 입으면 안되고, 머리는 귀밑 1㎝이상 내려가면 안되고, 버스를 타면 두 다리를 꼭 붙여 앉고, 껌을 씹거나 떠들지 말아야 한다. 규칙을 지키지 않으면 큰일나는지 알았던, 우리들은 별세계 존재였단 말인가.

그녀의 하나뿐인 바로 위 언니는 항상 얼굴에 여드름을 달고 다니는 지성 피부만큼이나 느끼하고 건전하지 못한, 중심이 없는 허무와 맹랑함을 겸한 성격을 가졌다. 자신을 과장하고 착각하는 삶으로, 자신은 멋져서 많은 남학생들이 따라온다는 끈적한 눈의 소유자다.

가족들도 함께 스러지는 삶으로 만들었으니, 불행의 원인은 누구든 그 사람의 사고에 기인된다.

항상 호들갑 떨며 좋아 죽겠어 하는 시늉으로 꼭 붙어 떨어질 줄 몰랐던, 남편과의 이혼과 사춘기 아들의 자살. 다방을 할 때 만났다는 야한 옷을 즐겨 입는, 같은 류의 동거하는 남자와는 동생 패물을 훔쳐내는 것과 같은 행각으로, 지탱하는 그들의 품위유지가 언제나 자칭 고상한 상류

사회인이니 과대망상이지 싶다.

막내인 그녀는 유능한 디자이너가 디스플레이 한, 쇼윈도처럼 자신을 적재적소에 맞게 연출하는 재주로 그렇게 진실한 삶은 아니라도, 그들 중 가장 윤택한 삶을 살았다.

부각하는 그녀의 이미지는 제일 적은 터울로 세대차이가 좁혀질 만한데 많이 어른으로만 알았으니, 그것 또한 그녀의 포장술로 인함이다.

그녀의 포장술은 여러 모양으로 나타났다.

유일하게 대학에 들어갔으나 수학능력부족으로 1년이나 다녔을까. 중퇴했는데도 끝내 '우리학교 우리학교' 하면서 좋은 성적으로 졸업한 걸로 되었던 일.

자기 본이름은 촌스럽다며 다른 이름으로 지어놓고는 '△△ 아줌마'라 부르면 '○○ 아줌마'라 부르라고 번번이 혼났던 일.

큰오빠 생일날, 이런저런 친구가 모인데서 유독 자기 옆에 꼭 앉혀놓고는, 이 친구 외에는 별로야 하며 왕비 병 증상인즉, 대학 때 단짝으로 모 감독 부인이 된, 전직 여배우라며 특별한 미모와 세련됨이 자기와 동등한 양 으스댔던 일. 화가 난 다른 친구들의 얼굴색인, 총천연색만큼이나 다양한 태도였다.

결혼한 후, 삐끗삐끗하다 별탈 없이 치장한 좋은 아파트에서 아이 낳고, 갖가지 사람하고 교제하며 심심찮게 사는 걸 보면, 고기는 흐린 물에 잘 모인다는 말이 맞는가보다.

* 만남

제일 큰오빠야말로 생김처럼 속까지 영리한 사람으로, 같은 직장에서 급사부터 올라가 세상을 뜰 때까지 종사하며 동생들을 가르치고 키워 결혼까지 시키니, 부모 역할을 다한 훌륭한 분이겠다. 더불어 큰 올케의 공로도 큼은 자명하겠다.

'-겠다. -겠다. 함은 사연이 있으니—.'

생긴 인상부터 '바늘로 찔러도 피 한 방울 나오지 않게 생겼다'는 사람처럼 보인다. 쉽게 말해 남자에겐 어울리지 않는, 깍쟁이 같이 생겼다함이 옳다.

가정사정도 있고 해서, 부모님께 물려받은 집 동네로 어렸을 적부터 같이 보아오고 서로 관심 있는, 동네 두 처녀 사이에서 고심한 끝에 한 처녀와 일찍이 결혼했다. 그 처녀와의 결혼으로 그의 인생유전은 고난의 길로 접어들었다.

인생은 만남의 연속인데 어떤 인연으로 누구와 만나느냐가 해득(害得)의 갈림길이 되니, 참으로 만남의 의미를 깊게 둘 필요가 있다. 도덕시간의 주제가 '친구'로 '나쁜 친구는 가까이 가지도 말아라'하는 비유로 '석탄을 잘못 집고

곧바로 놓았다 해도 손엔 이미 검정 흙이 묻는다'로, 나쁜 사람에겐 가까이 가도 해가 된다는 뜻이니, 부부 연으로 누구와 만나느냐는 으뜸으로 중요함이 자명하다.

새색시는 예쁜데다 음식솜씨와 아울러 살림솜씨까지 곁들여, 그 집 사정으론 안성맞춤이다. 투박하지 않고 여성적이긴 하나, 부부는 서로 상반된 성격이 어우러져 살기에 좋을 텐데, 신랑과 비슷한 성깔이 흠이다.

그 상반된 성격으로 더 어려워지기 시작한 것은, 몇 년이 지나도록 태기가 없으면서다. 서로 신경전을 벌리면서 냉전 하는 심각한 분위기는 주위 사람까지도 신경 쓰게 만드니 문제는 문제다.

누구에게나 편치 않게 하는 성격인 사람의 마음속은 어떨까. 편할까.

편치 않은 아내의 성격으로 집을 멀리하게 되고 다른 여자들과 지내는 듯하며, 심지어는 지방근무를 자청해 집과 멀리 떨어지니, 집에 안 들어오는 날이 들어오는 날보다 점점 많아져, 서로 말을 안하며 지내는 냉전이 더 깊어지고 기간도 비례해서 길어지는 것이다.

숨쉬기도 편치 않은 칼끝 같이 날카로운 집안 분위기임에도 결혼생활이 깨지지 않음은 그들 사이에 불문율이 있는데, 심한 샤머니즘인 그가 점쳐 나온 점괘가 자기 아내의 재운이 좋아 재물은 부족하지 않게 산다는 것이다. 묘하게도 큰 부자는 아니라도 항상 넉넉하게 살았다. 회사에서 몇 번인가 그의 입지가 위태로웠으나 잘 지탱되면서 단계적으로 승진함도 다 아내 덕으로 알아, 아내를 버리면 그마저 후퇴한다고 생각하는 점도 작용했다.

그렇게 형성되면서 위태하나마 결혼생활이 지탱됨은, 어떤 연고든지 인연의 고리는 미묘하게 생성된다. 사람, 사람과 사람, 사람들 모두 무수히 얽힌 신경으로 형성된 복합적인 집합체 같아 그런가.

둘 사이에 골이 패인 채 정착된 계기는, 그가 현대판 씨받이로 갓난아기를 데리고 오면서부터다. 팔팔한 성깔은 있으나 근본이 막된 성격은 아니면서 깔끔하고 인정이 있는, 그의 아내는 아기를 너무 좋아해, 크게 문제삼지 않고 받아들여 새 생활이 시작되었다.

피차 비견된 점은, 그도 괜찮은 처자와 좋아해 아기까지 낳았으나 끝까지 조강지처를 버리지 않음은 오래된 정 때문이리라. 후에 들은 바, 다른 애도 낳아 두 살림을 했다는 소문은 있었으나 그 진위는 알 수 없다.

그 아기에게 푹 빠지기도 했지만 바지런한 솜씨에 지극정성으로 아기를 돌보니, 진짜엄마 이상으로 최선을 다해 키우는 모습이 대단했다.

잦은 병치레로 병원과 약국을 제집 드나들 듯하며 병원이 많지 않은 그 시절, 유명하다는 웬만한 병원은 다 찾아

다닐 때이다. 마침 우리동네 소아과가 유명하다며, 일차 병원에 들러 우리 집으로 와 하룻밤 자고, 병원을 한 번 더 들러가는 채비로 외투, 모자, 장화에 마스크까지 무장한 아이와 분유 등의 아기용품 일체를 한 보따리 가져왔던, 아이에게 눈물겹게 지극한 그때의 모습이 눈에 선하다.

계속적으로 바깥에서 도는 그의 생활은 냉전의 삶으로 일관하나, 더 이상 악한 상황이 되지는 않았다. 고운 정에서 미운 정까지 들기도 했지만, 어렵사리 만들어진 아이와 부부가 결속되었고 아이에게는 엄마가 전부인 것이 더 작용했다.

아이에 대한 사랑은 변함없이 각별해, 상주하는 가정교사마다 집안 분위기로 오랫동안 있지는 않지만, 그치지 않고 공부를 돕게 했다.

지금쯤 학부형이 된 그 아이, 자기 엄마의 깊은 정을 얼마나 알까.

머리로 말고 가슴으로.

* 환경의 영향

감수성이 예민한 사춘기시절, 집안 사정이 너무 어렵게 되어 교육환경이 좋지 않고 같은 동네서만 살던 내게, 그들의 여러 번 이사는 많은 경험을 갖게 해 주는 고마운 계기가 되었다. 그 다음에 이사간 집은 도시외곽에 넓은 밭이 있는 집인데, 게서 나는 부자보다 더 부자가 되는 경험을 했다.

그는 백 몇십 평되는 밭에 분뇨까지 직접 주며 여러 가지 야채나 과일을 심었다. 어느 토요일, 방과후에 간 그 집에 아무도 없어 심심하기도 해, 일일 밭 주인이 되어 이모저모 돌봐주고 가꾸면서 따먹은, 신선해서 속까지 깨끗하게 하는 것 같은 토마토의 시원했던 맛을 잊을 수 없다. 그때부터 토마토를 좋아했다. 근본적인 빈혈기에 소화기가 약한 내게 잘 맞는 음식이다. 먹을 때마다 속이 시원한 것을 보면. 그때부터 식물에 관심을 갖게되어, 먼 곳임에도 그 집엘 더 자주 가게되었다.

자연의 신비에 심취하며, 이 세상이 다 내 것으로 마음까지 풍성해지니, 이보다 더 큰부자가 어디 있으랴.

그 다음에 이사간 집은 점포가 있는 건물인데, 직접 빵집을 운영하게 되면서 이전과 전혀 다르게 변하는 그가 이상했다.

항상 주위 친척보다 부자로 맛있는 것을 대접하고 잘 싸주기도 했는데. 도울 수 있는 일은 도우려는 우리에게, 벌벌 떨면서 빵 하나에도 손을 못 대게 하니, 이상하게 생각했지만 그렇게 만드는 이유가 무엇일까, 이해해보려고 애썼다. 무슨 연유인지 회사를 잠깐 쉬었으며, 이어 자영을 하려는 의도로 점포주택을 샀을 테고, 처음 해보는 장사이니 애착이 대단했을 터라 그리 행동했겠다. 몇 개 팔아야 하나가 남을 터이니.

'사람은 사회적 동물이다'라는 말도 있지만, 보다 근접적인 맥락으로, 사람은 자신이 처한 환경에 영향을 받음이 확실함을 살아가는 요소 요소에서 실감한다.

자신과 맞닿아 있는 바로 그 곳에서 자신에게(對自) 자신의(對物) 자신을 향한(對他人) 영향을 주고받음이 더 중요한 것을.

* 큰오빠

바깥으로 돌면서 식사보다 술을 많이 해서인가. 까다롭고 신경이 예민해서일까. 50을 막 넘긴, 한창 일 할 나이에 위암으로 입원하게 되니, 그렇고 그런 그의 동생들이 입원실에 둘러앉아 손만 벌리지 않았을 뿐, 하나같이 이해타산의 속내로 병중인 그의 비위를 맞추니까

"썩 물러들 가. 네 형수 어디 있니. 가서 네 올케 오라하고 너희들은 이만 가봐. 볼일 없으니."

생사의 갈림길에 선 그 앞에서, 그들과 상관없이 샀던 토지와 그 옆에 딸린 산을 갑자기 선산으로 둔갑시키며 공동명의 운운하니. 키우고 가르치고 출가까지 시킨, 부모나 진배없는 그 앞에서 하는 말이라니. 진정으로 염려하고 가슴아파 통곡해야 마땅하거늘, 지나치게 영악해서 내 앞의 일

만 아는 것이 그 집, 사람들의 내력인가 싶다.

귀소본능이었나. 돌아온 탕자가 끝마무리에 앞서 철든다 했던가. 아픈 애가 엄마에게 하는 것처럼 아내가 언제나 곁에 붙어있길 간절히 바라며, 녹음기까지 준비시켜 유언을 남겼다.

더욱 기가 막힌 것은 그가 사망한 직후인데, 그의 동생들이 아귀처럼 갖은 수단과 방법으로 목적물을 취하려는 행위 중, 그가 누운 관이 아직도 안방 윗목 병풍 뒤에 있는데, 무덤까지 가져가야 할 비밀을 장조카에게 터트렸으니.

"네 엄마 친 엄마 아니니까 우리말 들어. 네 엄마라고 알고있는 그 여자에게 속아서 재산 다 뺏기지 말고."

이게 무슨 청천벽력이란 말인가.

막 성년에 들어선, 아직 어린 그의 아들은 한꺼번에 받아들이기 벅찼으나, 집안 내력처럼 이기적인 성품을 가졌으니, 만 하루도 되지 않아 또 다른 탕자로 돌아와 역정 섞인 지지부지한 말다툼의 결론은

"아버지의 유언대로 하면 건물은 엄마 것으로, 이 집은 내 것으로, 땅은 엄마와 내 것으로 해야하나 땅은 작은아버지들과 고모들 말대로 공동명의로 하고, 엄마가 죽으면 건물도 내게 돌아올 것이 뻔해 또 상속세를 내야하니, 아예 이번에 전부 내 명의로 해야겠어."

윗목에 누운 그, 기가 막혀 눈이라도 잘 감고 계셨을까.

이렇게 될 줄, 뻔히 알았던 것은 아닐까. 가방 끈은 짧으나 영리한 그의 아내, 사면초가에 처한 자신의 입장이 너무도 절통한 심정이나 막강한 유언의 힘으로 밀어붙여 그대로 대처했다.

애면글면 동생들 뒷바라지하느라 애썼던, 관에 누운 그가 불쌍하다는 생각을 하게 한, 그 장면은 지금도 생생하다.

그가 사놓은 넓은 땅 좋은 곳에 무덤을 쓰기로 정했으나, 엄동설한의 날씨로 언 땅을 녹여서 파느라 고생이 많았던 산역꾼들의 생색인가. 하관 시, 늑장을 부리며 수고비 달라는 태도가 역력한데, 실성한 듯한 그의 아내는 전혀 낼 여유가 없어 보이니, 동생들이 알아서 해야하나 모두 아까워 절대로 줄 수 없다는 모습이었다.

그런 모습이 서러운 대다수 가난한 이들이 대신 치렀다. 가시지 않는 충격의 씻김인가, 넉넉지 않던 나도 동참할 정도였다.

생일 때마다 많은 사람을 초대해 진수성찬으로 대접하고, 평소에도 사람들이 모여 시끌시끌함을 좋아해, 언제나 흔쾌히 걸게 대접하는 기분파인 그에게 동생들이 비위맞추기에 연연했던 것은 무엇일까. 우리들 심부름 값은 물론, 술자리에서도 팁을 기분 좋게 준다는 그.

그의 덕을 많이 본, 그 누구도 그를 위해 기분 좋은 갚음이 없었으니. 동생들의 '어이, 어이'하는 허구의 곡(哭)만이 허공으로 묻혀진다.

정신력으로 버텨온 평생답게 병원에 입원한지 한 달여 지난 어느 날 한밤중, 자신의 생명이 마지막 2시간밖에 남지 않았음을 알았는가. 완강하게

"응급차 빨리 불러 줘, 집에 가고 싶으니."
죽음 직전의 그가 차에서 내리면서
"한 밤중 수고 많았어요"하며 아내에게
"운전기사 수고비 좀 많이 드려"했다는 그.
죽음 직전까지 냉정한 판단으로
마지막인 자신의 처신까지 챙기던 그.

관에 누워 있는 그.
할 수만 있다면
마지막 가는 자신을 위해
애쓰는 산역꾼들에게
수고 비를 아낌없이 주련만.
모든 이들은 땅 위에 있는데
혼자만
파인 차가운 땅 속.
너무 싫었겠다.
아무 것도 할 수 없음도….

사업 수완

전쟁이 끝난 지 얼마 지나지 않아, 아직 국내사정이 어지러운 시대에 미군부대, 미군, 원조물자 등 미국과 연관된 물자거래로 먹고사는 사람이 많으니, 어떤 형태든 미국물건의 변칙 뒷거래이긴 하나 공공연히 통상되는, 통칭 '미제물건장사'에 엄마도 동참했다.

미군부대가 동네부근에 있고, 이웃에 미군을 상대하는 색시들에게 비싼 세를 받고 방을 빌려주는 집이 더러 있어, 색시들에게서 나오는 물건도 꽤 됐다.

엄마의 잠재적인 능력이 개발되고 발휘됨은 초등학교도 제대로 다니지 않았으므로, 학력이 아니고 순전히 엄마의 두뇌 명석함에 기인됐다. 장사에 필요한 계산능력으로 복잡한 계산은 종이에 써서 계산하지만 웬만한 계산은 암산으로 처리하고, 몇 번 들은 단순한 영어회화는 브로컨 잉글리시이나 곧잘 미군들과 통했다. 상대하기 편리한 희소가치에 점수를 준, 그들은 갖가지 물건들을 직접 지프차에 싣고 와서 엄마에게 넘겼고, 그 물건들은 동대문이나 중앙시장 사람들이 사갔다. 엄마의 명석함 덕으로, 보따리에서 시작된 장사가 집을 거점으로 커지면서, 얼떨결에 브로커가 되어 편히 앉아 쉽게 돈을 벌며 나날이 번창했다.

우리 집 안방 옷장에, 옷을 거는 칸은 갖가지 물건이 가득 하고 맨 밑 서랍에는 우리 돈과 달러가 반반씩 가득 있었다. 돈만 많은 것이 아니라 갖가지 희한한 물건들도 많았으며, 마음대로 할 수 없으나 매번 달라지는 구경감들로 심심치가 않았다. 당시 우리나라는 후진국으로 물자가 넉넉지 않아 미국의 구제품을 제공받는 시절로, 음성적으로는 미국인이 쓰는 수준의 물건이 미군들에게 제공되고, 부대에서 흘러나온 물건은 대부분 못 보던 고급 물건들이다.

동네아이들은 내가 좋아서 툭하면 "○○야, 나와서 놀자." 했겠는가.

처음 먹어보는 먹거리에 반했을 진데, 고소한 것이 혀에 닿는 얕은맛의 깡통에 든 소시지. "어째 오이 갖고, 달면서도 신맛으로 요로큼 맛있게 만들었을까"하며 오도독오도독 씹히는, 병에 든 오이피클. 생긴 것이 앙증맞고 너무도 소프트해 입안을 간질이는 먹기도 아까운, 여러 파스텔 톤

색깔의 머시 메론. 내게 돌아온 큰 선물인 포근하고 따뜻한 캐시미어 빨간 스웨터. 영어로만 말해 알아들을 수 없지만, 좁은 곳에 사람이 들어가 움직이는 도깨비 상자인 TV. 향긋한 내음의 갖가지 화장품. 본 적이 없었기에 비누 부스러기를 과자인줄 알고 먹다가 아리도록 쓰고 떫은맛에 혼이 난 일. 네모진 빨래비누도 귀하던 당시에, 지금의 가루비누처럼 총천연색상자에 담긴 하얀 비늘처럼 생긴 가루비누도 신기했다. 번쩍거리는 공단에 알록달록 수가 가득 놓아진 멋진 옷을 어린 동생에게 입히고, 너무 귀여워 죽겠다는 시늉을 하면서 사진 찍어준 미군도.

상승가도를 달리던 사업에 위기를 느끼게 됨은, 간혹 군부수사관이나 형사들이 집까지 찾아오는 것인데, 국내질서가 어느 정도 잡혀가고 있음을 반영하는 거였다.

형사가 찾아오기 며칠 전, 혼자 집을 보고 있는데 한 남자 분이 찾아와 "너네 좋은 외제물건 많다는데, 어디 한 번 보여 줄래"해서 "어떤 거요. 얼굴에 바르는 거요"하며 로션을 보여주었다.

저녁에 그 사실을 엄마께 전하니 "아니 뭐라고. 왜 그런 걸 함부로 보여줘"하며 크게 역정을 내는 거였다. 당신은 종종 누군가 찾아오면 보여주면서 팔더니. 어린 나는 무슨 영문인지 몰라서 그저 뭔가 잘 못 했구나가 전부로, 눈만

멀뚱멀뚱 뜨고 당할 뿐이다.

다혈질의 어른들은 당신이 뻔히 아는 것은, 어린아이까지도 다 눈치챌 줄 안다고 착각한다. 그리곤 화를 낸다. 생각보다 아주 어린 꼬맹이들도 '어떤 일이, 왜 그런지.' 차근차근 설명해 주면 알아들음은 물론, 세상살이도 빨리 터득하는 똑똑한 사람이 되는 것을 잘 모른다. 과외공부는 열을 올려 그리 많이 시키면서.

누군가가 집안으로 뛰어들어오면서 "아주머니, 형사가 와요. 빨리, 빨리!" 하니, "그래!" 하며 맨발로 후닥닥 부엌 뒷문을 통해 다른 집으로 도망가기도 하고, 느닷없이 형사가 찾아와 "아주머니, 우리가 왜 왔는지 아시죠. 같이 가셔야겠습니다"하며 엄마를 붙잡아가기도 했다.

대체적으로 바로 돌아오는데, 한번은 날짜가 많이 지난 후에 온 적이 있다. 당신이 고생한 것은 뒤로하고 "잘 지냈니. 아이고 머리가 이렇게 길어졌네. 앞머리가 눈을 찌르겠다"하며 그렁진 물기 어린 눈길로 내려다보면서, 자란 단발머리를 쓰다듬어 줄 때의 그 모습이 언제나 생생하다.

언제나 그렇듯 밖에서 놀고있을 때, 멀리 귀가하는 당신이 보이면 반가운 마음에 "엄마 온다"하며 쫓아 뛰어가 맞이한다. 추운 날엔 "아이고, 우리애기 손이 꽁꽁 얼었네"하면서 내 손을 꼭 잡고 당신의 외투주머니에 넣으면 어찌

그리 따뜻한지. 영원히 못 잊을, 그 포근하고 따뜻하던 손.

장사에 제한을 받게된 엄마는 이전보다 나가서 벌이하는 일이 잦아졌으나 수입은 전보다 썩 신통치가 않았다.

그 때부터 남은 건, 우리들 고생 차례였다.

부자 냄새

집을 짓는 동안 당분간 살러 간 곳인 친척집은, 당시 서울에 저택들만 있는 몇 안돼는 부자동네이다.

변두리에서만 살았던 내게, 신기한 것들을 접하는 계기가 됐다.

대다수가 재벌들의 모양새였으니, 10살 짜리 어린 나도 속마음엔 탐심이 있어, 좋은 재물에 관심을 갖고 부러워했나보다.

머리와 옷을 세련되게 차려입은 아이가 빨간 색 구두에 윤기 나는 약간 비치는 흰 타이츠를 신었는데, 처음 본 그 타이츠가 신기해 뚫어져라 봤던 일.

이층에 숨어서 몰래 엿본, 길 건너 집안의 풍경들이 호기심을 자극했다. 그렇게 좋은 집안을 보고들은 적이 없었으므로 초등학교 3학년인 나를 유혹하기에 충분했다. 넓은 정원에서의 저녁식사 광경인데, 집 마당에서 고기를 굽는 것도 신기했지만, 집 마루와 연결한 온실 테이블에서 식사를 하면서 텔레비전을 보는 그들이 별세계사람 같았던 것.

나보다 훨씬 큰 남매로 보이는 가녀린 인상에 예쁜 홈드레스를 입은 언니와 얼굴이 희고 멋지게 생긴 오빠가 마당을 거닐며 하하, 호호하는 광경.

그 옆집은 구조가 이상한 미로처럼 생겼는데, 두 자매인 언니들이 집안에서 뛰어다니며 숨바꼭질하던 모습이 재미있고 신기했던 일.

이른 아침 햇살에 비치는, 멀리 보이는 갖가지 양식의 건축과 지붕들이 희귀한 나무들과 어우러짐은 인상파가 그린 한 폭의 그림.

그런 곳에 살면서 자가용이 귀한 시절에 집사들의 배웅을 받으며 멋진 세단을 굴리며 한 때를 풍미했던, 그들은 지금 어떤 모습으로 살고 있을까.

그 당시 그런 특별한 모습과 상관없는 대다수 사람들은 전혀 눈치채지 못했다. 서양의 모습을 그대로 흉내낸, 돈의 단순한 잔치였고 한참 후에 모두 그리하려고 앞다투었음을.

집을 다 짓고 돌아오니, 새 기와집이 너무 좋았고 내 공부방이 생겨 더욱 신났다. 내 뿌리인 이 곳이니까 더욱.

멀고 가까운 친지들과 동네 친구들과 옛 친분을 다지기에 여념이 없는 중, KBS방송국에 다니는 아저씨 같은 친척오빠가 어린이시간 공개방청권을 우리들에게 여러 장 주었다. 생전처음 시내 중심지에 가는 것도 큰 사건인데 방송국이라니, 특별한 아이들만 가는 곳을.

정녕, 우리동네 아이들에게 부여된 매우 의미 있는 기념일이었다. 우리들도 특별한 아이들이 되기 위해 집집마다 새 옷, 새 구두, 새 양말, 머리까지 신경 써서 단장하고 마음 두둥실 방송국으로 향했다.

이상한 나라의 엘리스가 되어, 높은 건물들과 많은 차와 사람들의 어지러운 광경을 두리번거리며 커다란 방송국으로 들어가, 그 안의 또 커다란 공개홀에 앉았다.

앉아서 아이들을 둘러보니, 모두 하나같이 차림새와 분위기가 부잣집 아이들이 풍기는 세련미로, 특별한 집 아이들의 특전 같아 공연히 진 죄 없이 주눅들었다.

당시 이름이 알려진 강 영숙 아나운서의 낭랑한 목소리의 진행으로

"제○회 전국어린이 노래자랑입니다. 이렇게 많은 어린이여러분들을 만나게되어 반갑습니다."

"짝짝…." 우리들은 손뼉을 신나게 쳤다.

"본선이 있기 전에 예비심사가 있으니, 나올 어린이는 손을 들어주기 바랍니다."

"저요, 저요, 저요"하며 여기 저기서 거의 모두 손을 들고 어떤 아이는 일어서서까지 손을 드는 거였다. 나도 엉겁결에 손을 들었다. 노래와는 거리가 먼 인물임에도. 사회자가 객석을 고루 지적하며 나오게 하는데, 우리 쪽을 가리킬 때마다 슬그머니 손을 내리곤 했다. 속 실력과 상관없이 모두에 끼어 들려는 어줍잖은 행동이 촌스러웠을 터였다.

뽑힌 아이들이 무대에 서서 피아노 반주에 맞춰 노래부르기 시작했고, 아직 본선이 시작되기도 전에 이미 난 그 아이들에게 빠져들었다. 본 적이 없던 갖가지 멋진 옷을 입고 노래하는 모습이 어찌나 보기 좋은지. 어여쁜 공주를 훔쳐보는 종처럼 황홀하기까지 하며 넋을 잃고 보았다. 특히, 그 아이들 중에 지금도 눈에 박혀있는 아이는, 갈래로 땋아 양어깨로 길게 내리고 흰 레이스블라우스 위에 팔 없는 까만 벨벳원피스를 받쳐입고 노래하는 모습과 목소리가 너무 예뻐서. 두 손을 깍지끼고 몸을 약간씩 좌우로 흔들며 머리를 까딱거리며 노래하는 그 모습이.

그 아이가 불렀던 '가을 밤'의 은방울 같은 소리가 한참 동안 귀를 맴돌았다.

귀뚜라미가 또르르 우는 가을밤
멀리 떠나간 동무가 그리워 운다
손잡고 뛰놀던 그 때가 그리워 운다

그 때의 그 일이 머리에 각인 됨은, 대다수 어린이들이 가까이 접할 매스컴이 적었기에 무척이나 진한 경험으로 남았다. 학교 재직 때 레퍼토리 중 하나로, 새로운 학급 아이들을 만날 때마다 그 때의 경험을 이야기하며 노래부르는 공주 같았던, 그 소녀의 시늉까지 하며 웃음 반, 노래 반 '가을밤'을 가르치며 함께 불렀다.

작금에 경험을 많이 함을 중요시하는 관점으로, 학교와 가정에서 아이들의 소풍, 견학, 관람, 전시회, 여행, 행사 등 현장학습, 체험학습의 다양한 참여로 더욱 알찬 경험을 쌓아 더욱 앞서게 하기에 모두들 바쁘다.

경험을 많이 하는 것은 실로 중요하나 그 것 또한 목표를 둔 계획이 더 중요하다.

'남들 하니, 나도 바빠야 해'하며, 그냥 '바쁘다. 바빠'는 아니겠지.

다 락 방

다락방 하면 어둡고 침침하며 지저분한 느낌도 있지만, 기억하고 싶지 않은 큰일부터 자질구레하고 지저분한 일까지 있던 곳으로, 선입견이 좋지 않아 별로 들어가고 싶지 않은 곳이다.

어느 날, 문이 별안간 부서져라 열리면서, 키가 크고 큰 눈망울에 잔뜩 겁을 먹은 청년이 들이닥치며 할머니께

"할머니, 나쁜 사람들에게 쫒기고 있으니, 어디에 저 좀 빨리 숨겨주세요"하니, 인정이 많은 할머니는 다락방에 숨으라고 했다. 트인 길인 줄 알고 도망쳐 온 그는, 우리 집이 막다른 골목 끝 집인 관계로 다급한 상황이 됐겠다. 뒤이어 쫒아 온 형사 둘이 할머니께 신분증을 제시하며

"할머니, 여기 젊은 사람이 들어오지 않았습니까."

젊은이가 불쌍한, 할머니는 모른다고 했고 눈치가 이상한 그들은

"할머니, 그는 탈영자로 검문 받다 도망갔어요. 숨기고 말씀 안 하시면 할머니도 걸리게 됩니다"해도 계속 모른다고 했다.

"할 수 없군. 집을 뒤질 수밖에"하며 수색하기 시작했다.

어린데다 겁까지 먹은 나는 그들이 뒤질까봐 다락방 앞에 서있으니, 거꾸로 거기 있다는 신호 격이 되었다.

"여기 그 남자 있지"하는 말에, 다락에 눈길 한 번 주고는 묘한 표정을 짓고 고개만 가로 저으니 '있다'가 아니고 뭐였겠는가.

그는 붙잡혀갔고, 귀가한 엄마의 한바탕 소동으로 할머니가 잔뜩 얼어붙어 계실 때, 서에서 사람이 나와 할머니와 엄마를 대동했다.

죄목은 범인은닉죄로 할머니라 봐준다며 '집행유예 2년'이라 했다. 그게 뭘까.

"어머니, 2년 동안 뭐든지 죄를 지면 바로 감옥소에 보낸대요. 그러니 그런 실수 없이 정신차리고 살아야해요." 격앙된 목소리의 엄마 이야기를 듣고 짐작했다.

그때, 내가 한 행동이 어린 탓이라고만 변명해야 할까. 어리석었다고 할까. 옳은 결말이 났음에도 명쾌한 해답을 못 얻었다. 그저 일찌감치 어려운 법정 용어를 알았고 죄

와 벌이 무섭다는 것을 실감했을 뿐.

딸린 식구들이 무거워서일까. 단순한 다혈질 성격 때문일까. 거세어진 가장인 딸의 눈치를 보며, 할아버지와 외손녀들의 치다꺼리에다 친손자를 끼고 산다는 것으로, 꼼짝달싹할 형편이 못된 할머니는 그저 감수하며 사는 중이나, 간혹 책잡히는 일로 엄마의 소동이 일곤 한다.

가족이 월북할 때, 너무 어려 떼어놓은 이종오빠인 친손자를 애면글면하며, 맛난 것을 숨겼다 몰래준다는 것에서 문제가 생기니, 다락방에 숨기면서이다.

다락방에서 겨울 이불을 꺼내다가 찐득한 것이 잔뜩 붙어있는 것을 본 엄마의 기세가 할머니께 튀기니, 오빠를 주려고 이불 속에 숨겨놓은 엿이 녹아 붙은 것이다.

어느 날 밤, 온 집안에 '와장창!' 하는 소리와 "아이쿠머니, 아얏!" 하는 할머니의 비명소리에 모두 자다 깜짝 놀라 내다보니, 마당부엌문 앞에서 까치발로 다락방 창문 안에 둔 것을 꺼내다 놓치면서 다치고 깨지는 소리였다.

엄마가 큰 맘 먹고 쓰게 한, 당시에 국산은 나오지 않는 비싼 미제보온병에 따뜻한 보약을 숨겨두었다가 오빠한테 주려고 한 것이다.

집안사정이 더 어려워지면서 보통 다락이 그렇듯이, 안방을 통로로 다니는 부엌 위에 위치한 다락방을 세놓게 됐다. 새 단장으로 도배를 하고 장판을 깔면서, 언제나 잡동사니가 가득 들어있던 이미지를 새롭게 했다. 그 다음 임자는 내가 되었기에.

처음이자 마지막으로 세를 든 이들은 아랫방에 세 들고 있다, 사정이 더 어려워지면서 옮겨 앉게된 이들이다. 그 둘은 이 동네 저 동네를 떠돌아다니며 공연하는 유랑극단의 단원으로, 남자가 아니면서 남자로 사는 사람과 여주인공 역을 하는 예쁜 여자로, 사실은 둘 다 여자인데 친구는 아니고 부부로 동거하는 사이라나. 아직 어린, 내 머리로 이해하기가 어지러웠다.

이상하다 생각하며 그들 둘을 대하니, 내가 어색해진다. 남자양복을 입은 남편 역할의 여자를 아저씨라 부를까, 아줌마라 부를까. 전혀 판단이 서지 않던 나는 그들만 보이면 은근히 피하느라 애썼다. 몰래 구경하는 재미는 절대 놓칠 수 없다면서.

“이게 무슨 냄새지. 다락에서 웬 고약한 냄새지”하며 할머니께서 다락방을 둘러보다

“이런 쯧쯧…. 서답을 물에 담가 썩히고 있네. 예가 어딘데. 부엌 위인데 망측해라.”

하루는 그 둘이 심하게 싸운다.

“너, 그 남자 주인공을 맘에 두고있지. 네가 사 준 이런 것들이 다 뭐야. 마음이 딴 데로 갔는데”하며 이것저것을

던지는 소리와 북북 찢는 소리.

"잘못했어요. 잘못했어요. 그러니 그 양복바지는 찢지 말아요."

힘들게도 산다. 순리대로 살지 않으니, 모든 것이 어긋나 괴로움만 남는 걸.

여자가 남자를 좋아하는 것은, 생명의 원천에서 오는 샘인 것을.

그녀의 남자

그녀가 사는 집은 남편이 물려받은 집으로 당연히 혼자된 그녀의 집이 됐는데, 각별히 주의해야 할 것은 그 동네의 특성이다.

긴 세월동안 정착한 곳에서 번성되어 이루어진 같은 성씨로 형성된 동네로, 가깝게는 사촌부터 멀게는 팔촌까지 살고 있다. 상부상조와 협동단결이 잘되는 장점은 있으나 보수적인 성향이 강해, 윤리 도덕적이지 못한 경우엔 따가운 눈총으로 감시 받는 생활이 되어 자율성에 제한을 받게 된다.

혼자된 그녀는 주시되는 처지이므로 일거수일투족을 항상 염두에 두고 조심해야 한다.

그럼에도.

장사로 돈벌이를 괜찮게 해, 여유를 찾은 그녀가 즐겨하는 것은 '600'이나 '고-스톱'으로 불리는, 화투로 하는 노름이다. 작든, 크든 돈을 걸고 자주 하니 노름꾼에 속한다고 볼 수 있다. 건전한 것은 아니나 혼자된 과부의 소일거리로 함직한 데, 문제는 그런 모임에서 그렇고 그런 남자들과 가까워진다는 것이다.

그녀의 생김이 여성으로서 끌릴만한 모습이 아니므로 그들의 관심은 오로지 그녀가 가진 돈에 있다. 자신에 대한 주제파악을 못하고 어렸을 때부터 남자에 대한 개념형성이 잘 되어있지 않은 그녀. 남자가 관심을 보이면, 그저 황감해하며 그들의 계산된 속마음을 묵과하는 것이 문제다.

처음엔 총각과의 일인데, 그들 둘이 어떤 관계인지 알 수 없으나 서로 사귈 수 있다는 생각부터가 문제다. 그와 만나게 된 것은 초가집을 헐고 기와집을 짓기 위해, 그녀의 언니네 집에 가 살았던 동네, 이웃에 사는 대학을 졸업하고 공군을 막 제대한 나이든 총각이다.

서양문물의 자리 매김이 안될 때라, 사람이나 사물에 대한 계몽이 덜 되고, 덜 개화된 동양적 색이 짙었던 보수적인 그 시절에도 왕왕 그런 일이 있었으니, 예로부터 성문화는 제일 먼저 세월의 흐름을 훨씬 앞지르면서, 문화의 선도적 역할을 한 장본인임이 틀림없다.

그가 보이지 않게 된 계기가 있었다. 새로 지은 집으로 다시 돌아간 그녀를 찾아 간 그에게, 그녀의 딸이 한 말이 몹시 부끄러워 다시는 오지 않았다.

"안녕, 잘 있었니. 엄마 안 계시니. 어디 가셨니."

"엄마 집에 없어요. 그런데 아저씨, 저 아저씨께 할 말 있어요. 아저씬 어째서 우리 엄마를 만나러 다니죠. 내가 볼 땐 아주 이상한 일로 보여요. 아저씨 이젠 우리 집에 오지 말아요."

그녀의 딸의 말에 귀까지 빨개진 그, 다시는 그녀를 만나러 오지 않았다.

시계포를 하는 두 번째 남자는, 화투판에서 그녀에게 적은 돈을 자주 빌리다가, 값이 많이 나가는 거라며 시침과 분침이 가득 든 상자를 맡기고 많은 돈을 빌렸다. 기일 내에 갚지 못하자 빌미로 자주 만나면서 관계가 발전되어, 그녀의 집에 들어가 살게됐다.

그가 유부남인 점, 화투판에서 돈 관계로 만난 점, 그녀가 살고 있는 의미가 큰, 대 물림 집과 그녀의 가족, 대거 친척들의 집합인 동네의 특성 등.

그들, 한쪽의 입들이 얼마나 바빴을까. 귀가 따갑지 않았나. 그녀, 판단의 기준을 어디에 두고 있는 걸까.

아니, 판단력의 실체가 있기는 한 건가.

대통령 부정선거가 발단이 되어 1960년 4.19 학생데모에 이어 1961년 5.16 군사혁명으로 정치적, 사회적 대변혁이 일어났다.

그녀가 했던 불법유통 미제물건장사는 범법자로 몰리게 되는 철저한 단속으로 못하게 되어 가세가 점차 기울어지게 되자, 돈보고 빌붙은 그 남자가 떨어져나감은 당연지사다.

할 일을 잃자 화투에만 매달리게 되더니, 화투판에서 만난 세 번째 남자는, 그녀의 기준으로 아니 그녀의 착각으로 쳐서 행복과 불행을 동시에 준, 역시 유부남으로 재물을 보고 그녀의 집으로 들어가 같이 산 위인이다.

멀쩡하게 생긴 남자가 할 일 없이 화투판에나 붙어살면서, 근간엔 벌이를 하지 않아 애써 모아온 돈을 쓰기만 해서 얼마 남지 않은 과부의 재산을 탐내니, 세상엔 그렇고 그런 위인들도 많다.

한창 벌이를 잘할 때, 자루에 넣은 돈이 눈덩이처럼 커지는 즈음에, 먼 친척 되는 이가 같이 집장사를 하자 해, 그에게 투자를 했다. 동업으로 그가 집 세 채를 지었는데, 야무지지 않고 바지런하지 않으며 뒷심이 부족한 그녀는 많은 돈을 주고도 무심했다. 그저 믿거라 하고.

돈은 잘 버는 것도 중요 하지만, 잘 관리하는 것이 더 중요하다는 것을 알지 못했다.

어느 날, 중년의 여인이 찾아와

"아줌마가 같이 지은 집에 사는 사람인데요. 아줌마의 동업자가 지은 집 두 채에서 전세금 다 빼가고 은행에 저당까지 잡혀, 아줌마가 투자한 돈을 다 떼어먹히게 생겼어요. 아줌마에겐 우리가 사는 집만 남았으니, 아줌마 재산을 빨리 챙기세요."

여러 날 지난 후에 무언가 쪽지를 갖고 다시 찾아온 그 여인

"아줌마 이것 봐요. 은행에서 온 건데, 자칫 그냥 놔두다간 집을 뺏기게 되겠어요. 아줌마가 집을 빨리 차지하지 않으면, 집을 같이 지은 사람이 은행에 팔아먹게 생겼어요. 그 집을 빨리 차지하세요."

그 말만 믿고 부랴부랴 씨족이 모여 사는 대대로 물려받은 집을 팔고, 그 여인이 든 전세금을 빼주고, 그 집으로 이사했으며 그 때부터 그녀와 존속된 가족들의 불행이 시작됐다. 그녀의 무지몽매한 판단 때문에. 그녀와 같이 살고 있는 남자의 부추김도 일조 했다. 현금이 별로 남지 않은 그녀에게 현금이 돌게 할 수 있는 좋은 기회이기에.

이사를 간 집은 새로 지은 넓은 신식 이층집으로, 이사가자마자 그녀의 남자는 이층에다 가내공업을 차려 공장

장노릇을 하기에 이르고, 딸만 낳던 그녀는 그 남자의 아들을 낳아 꿈을 이루게 됐다.

알곡은 다 빼먹고 일말의 양심도 없던, 같이 집을 지었던 친척이 전세 들었던 사람과 짜고 계획적으로 한 일에 넘어간 그녀. 이사간지 몇 달되지 않아 집이 은행에 넘어가 길거리에 나앉게 됐다.

그녀의 남자는 자신의 아이들도 많으므로 그녀가 낳은 자기 아이와는 전혀 상관없이, 같이 살 명분이 없어졌으므로 자연히 자기 집으로 돌아갈 수밖에.

진정 사랑하고 위해주는 사람이 배제된 그녀.
철저히 소외되는 배역의 주인공인 그녀.
욕심 없이 남들처럼까지만 살고 파, 흉내냈을 그녀.
보통의 삶마저 그녀를 외면했으니, 안타깝기 그지없다.
그녀의 모진 삶이.

2. 음울한 사춘기

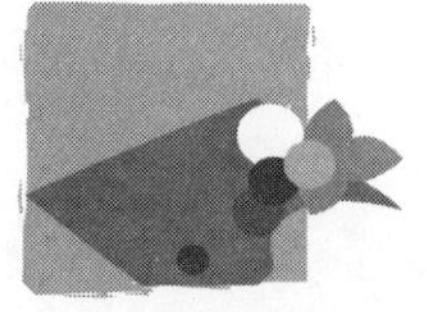

난 알았다.
어른들의 말이
다 옳은 것이 아님을.
그 다음부터 누구의 말도 한 번은
'생각의 여과기'를 통해 듣게 되었다.

참으로 세상살이 만만치 않구나.

운 명

지금 돌이켜보면, 세상에서 서로 가장 사랑한 어머니인 당신 때문에, 당신의 언행으로 인해, 불행해질 수밖에 없는 미묘한 관계는 숙명이다. 내가 당신에게 종속된 운명이기에 어쩔 수없이. 그렇다고 당신을 원망하진 않는다. 그런 당신은 더 지지리도 못난, 그런 운명으로 태어났기에 안쓰러울 뿐.

가정환경에 치여, 아니 더 구체적으로 당신의 언행을 받아들이기에 벅찬 생활로, 나는 내 자신의 주인이 아닌, 남을 살피고 의식하는 칼끝 같은 감정의 날을, 남을 향해 두고 지내느라 점점 어리벙벙해져 가고있었다.

이성의 눈뜸으로 발달한 민감한 촉수를 세워 남의 이성친구 놀음을 즐긴다. 난 그럴 정신적인 여유가 없을뿐더러 여성 특유의 성숙함도 미비한, 매력 없는 여학생이었기에 애당초 맘도 먹지 않았다.

초등학교 때부터 누구의 이끎이 전혀 없는데도 혼자 열심히 교회를 다녔다. 중학교 때도 열심이었는데, 신앙심이 있어서가 아니고 가정의 테두리가 부실했기에, 어떤 집단의 든든한 의미가 담긴 집단생활을 원했음직하다. 일찍 여읜 아버지 대신 하느님을 아버지 삼나보다고 말한 이도 있었지만.

사춘기가 된 같은 또래의 남녀학생들의 모임은 그들의 집안 어른들이 발판이 된, 든든한 믿음의 가정의 아이들로 서로간의 유대가 돈독함에 끼여든 격의 나는, 걔네 들의 암암리에 입 소문 난, 짝을 줄긋기하며 즐겼다. 물론 민감한 촉수를 세운 마음속으로만. 나하곤 상관없이 거리가 먼 청춘사업에.

그런 내게 지금 생각하면 기이하기도 하고 별 것이 아닌, 그런 복합적인 감정이 내게도 왔다. 잠깐이지만.

시골서 상경한 형제가 어찌하다 우리 집에 세 들게 된 것으로, 지금 생각하니 무작정 상경한 불량형제가 아니었나 싶다. 그 중 내 나이와 비슷해 관심을 갖게 한, 동생은 고향에서 중학교를 다녔다한다. 서울에서도 보기 드문 분홍색 타월천의 티셔츠를 멋지게 어울리게 입은, 홍안의 미소년인 그는 형과는 달리 귀공자타입으로 사춘기소녀의 마음을 일깨웠다. 그다지 여성답지 않게 생긴 내게 뭔 흥미가 있겠냐만, 타향살이 그에겐 주인집 딸이라는 명분이 컸으리라.

멀리 떨어진 둑에서 만나자고 한, 그가 건네준 쪽지를 보고 열일 제쳐놓고 시간에 맞춰, 멀리서도 보이는 가로 놓여진 둑길을 향해 단숨에 먼길을 주름잡아 걷고는 둑에 다다른다. 상대가 누구이든 이성을 만나러 가는 일이 내게도 생기다니. 끝이 멀어 보이지 않는 길고 큰 둑 아래 넓은 개천이 흐르고 나무들도 어우러져 풍치를 더한다. 마음에 낭만이 찾아 온 걸까. 나무 사이로 퍼져 내리는 햇살이 스포트라이트로 내리 쐰다. 오로지 내게.

걘 이사 가고, 난 그저 무덤덤하다. 쪽지를 받았다는 사실만이 대단한 채.

툭하면 아파서 결석을 하면서, 겨우 나락의 끝을 잡고 버티는 나. 비운의 딸로 비쳐질 예민한 내게, 학교에서 억울한 누명까지 쓰게되었다.

혼미한 정신으로 학교생활마저 겨우 지탱해 나가지만, 심신의 고뇌는 오히려 칼끝 같은 예민한 촉수가 되어 타인에게 맞춰진다.

우리 반 아이들 몇이, 나를 향해 보며 쑤군쑤군 하는 것이 레이더망에 잡혔다. 왜들 저럴까. 반장은 내 뒤까지 밟는다. 왜일까. 역으로 반장 뒤를 다시 밟는다. 걘 교무실로 들어가더니 담임에게 뭔가를 보고한다. 나중에 돈이 든, 내 앞의 아이 책가방이 없어졌다는 말을 들었다.

어처구니없게.

고민을 너무 많이 안고 살아, 낯빛이 어두컴컴해져 도둑으로까지 보였나. 더욱 심한 '우울의 늪'으로 향했다. 더욱 살고싶시 않다. 살 명분이 전혀 없다. 희망도 없다.

그래도 이 세상에 태어나 존재의 가치를 부여받은 한, 나를 버텨가야 할 것이 아닌가. 설상가상의 이 일은, 내게 '마인드 컨트롤'을 바짝 당기는 역할을 했으니, 전화위복으로 삼는다.

다시는 기억하고 싶지 않은 일이지만 학급경영에 일조도 컸다. 훗날 교사가 된 다음에 내가 맡은 학급에서 도난사건이 생기면, 역지사지의 입장으로 풀어 매번 잘 해결했다. 억울하게 상처받는 아이가 없도록. 담임교사에 대한 원망이 한으로 맺히지 않도록.

또 있다. 당신으로 인해서 날 힘들게 한 일이.

콩쥐팥쥐와 장화홍련의 나쁜 계모 역할을, 계모가 아니고 고모로, 딸로서도. 간접적으로는 당신이 제일 사랑한다고 생각할 자식까지. 당신이 많은 식구들을 걸머지고, 적지에서 무장한 군인처럼 힘들게 행군한다는 것을 안다.

그러나 조금은 덜 다혈질이면 안됐을까. 작은 일부터 큰 일까지 전부 다, 다혈질로 퍼붓는다. 지나친 다혈질은 행동을 폭군처럼 만들어, 온 식구들을 공포로 몰고 간다. 빤한 동네는, 구설수 위에 혀까지 차며 즐긴다.

당신에 대한 예의는 아니지만 표현합니다. '당신은 너무나 미숙했습니다.'

"고모, 잘못 했어요. 다시는 안 그럴 게요. 한 번만 용서해주세요." 한 밤중에 동네가 시끌벅적하게 골목 밖인 큰길까지 이종오빠를 끌고 나가 땅에 메다꽂으며

"네가 아무리 어리석기로 남에게 꼬임을 당해 집안의 물건을 몰래 갖다주니, 주기를. 고몬, 이 세상에서 정직하지 않은 사람이 제일 싫어. 너 그러다 남의 집 물건에도 손대는 도둑놈이 될라. 다시는 집에 들어올 생각일랑 하지마!" 하며 황망히 집안으로 들어가며 대문빗장을 가로지른다.

두 살 위인 오빠는 순진무구한 성품으로 자칫 모자라 보이기도 하지만, 절대로 모자라지 않고 오히려 천재성을 안에 담고 있는, 갓난이로 거치적거린다며 매정하게 떼어놓고 월북한 부모형제를 둔 불쌍한 이다. 간혹 할머니의 당연한 애면글면함이 지나쳐 난리법석 바람이 자주 인다.

오빠는 마술일 정도로 연필만의 글씨와 그림의 표현이 경이롭다. 특히 인물이나 사물에 대한 세밀한 묘사는 걸작이다. 손끝에 마술을 단 그, 무슨 물건이든 망가트린 다음

원형으로 만들어 놓기를 즐긴다. 어쩌다 원형으로 되지 않을 때의 불호령을 감수하면서까지. 그 불호령이, 더욱 망가짐과 원상복구의 스릴을 더 해, 묘미 실력의 효과를 낳았으리라.

중학교를 마친 다음, 집에서 독학으로 배선도가 가득 든 헌책을 빛나는 눈으로 집중하며 연구에 몰두한다. 이어 갖가지 모양의 부품을 사와, 조그만 판에 대고 끙끙대며 이리저리 인두로 납땜을 한지 며칠 지나지 않아, 소리나는 라디오가 완성된다. 신기도 해라.

불에 달구는 인두에서 전기인두로 바뀌면서 더욱 편리해지긴 했어도, 또 한 번 폭풍이 일었다. 작업을 하다 잠시 자리를 뜨면서 인두를 잘 못 놓아 전선에 닿아 타면서 합선과 함께 벽을 타고 천장까지 연결한 전선이 '후루룩' 타올라 불이 날 뻔했기에. '퍽'하는 소리와 냄새로 달려온 오빠가 옷가지로 불을 바로 잡았으니 망정이지. '휴—'

오빠는 나중에 우수한 기사로 전파상점을 전전하다, 지방에서 전파상점을 차리고 가정이 다복한 마음씨 고운 언니를 만나 결혼도 하고 잘 산다. 누구나 태어날 땐 자기가 먹을 것은 갖고 태어난다더니, 그 말이 맞는가보다. 우리도 집이 없어져 전전하게 돼, 어찌 어찌하다 오빠와 두절됐다. 같은 하늘아래 있을 오빠의 건재를 빈다. 내내.

양푼이 마당으로 내동댕이쳐진다. 당신의 다혈질이 또

발동한 거다.

“어머닌 정신을 어디다 파시 길래, 빨래를 다 태워요. 나 원, 참 기가 막혀.”

이번엔 할아버지의 지팡이가 말썽인가. 지팡이를 들고 호령이다. 할아버지는 목하 몸져누워 꼼짝 못한다. 그 쪽을 향해 퍼붓는다.

“아버지, 지팡이는 두었다 무엇에 쓰려고 안 갖고 나가셨다 넘어져 다쳐요. 다치시길.”

예전엔 제일 지청구인 딸에게 얹혀 살면서 역으로 딸에게 지청구가 된 노후 신세가 따분한지, 매사 침묵으로 일관한다.

모두들 딱도 하시지.

당신의 삶의 영위가 감정에 치우치게 됨은, 초년부터 매몰한 사랑이 결혼 초에 청상인 신세로, 남의 남자 넘보며 구걸하듯 사는 여자 역할의 생활이 고도의 지능과 감수성에 위배되니, 자신 속의 자신이 맘에 들리 만무하리.

난해한 수학문제는 넘기고 시험을 보듯이, 그렇게 자포자기했을까. 뇌파의 부딪힘이 맞지 않아 스파이크로 쓰러져 신음하는 간질병 환자처럼, 머리의 이론과 생활의 실제가 맞지 않아 불안한 감성의 소유자로 전락되었는가.

그러저러한 당신의 언행은 직접적인 모델로 나쁜 영향을

주었지만, 좋게 해석하자면 시행착오의 반복으로 터득된 결과는, 내 스스로에게 자구책을 만드는 자생력을 키우게 했다.

사춘기 초에 어찌하다 당신과 사이가 좋지 않은, 이웃 아주머니의 또래 딸과 나는 큰 소리로 말다툼을 하게 되는데, 거칠고 큰 억센 말투의 그 아이와 나하고는 게임이 되지 않았다. 따발총처럼 쏟는 억울한 말을 꿀꺽꿀꺽 삼키곤 집으로 돌아왔다. 빙 둘러 서있던 사람들의 눈총을 뒷머리에 꽂은 채. 게서 끝났으면 좋았을 것을.

동네 아이들 중에 우등생으로 통하는 내게, 언제나 자신의 딸과 같이 공부하라고 집으로 초대하는 옆집 아주머니의 '괜찮아, 싸우지 말고 집으로 돌아가는 것이 잘하는 거야'하는 격려의 눈길을 당시엔 감지 못한 내 잘못이 크다.

집으로 돌아온 난 엉엉 울면서, 들었던 우리 집 창피스런 말들을 고한다. 다 들은 당신은 "다음에 또 싸우거들랑, 너네 엄마는 옛날에 미군하고 좋아지냈으니, 양 색시나 마찬가지라고 해."

며칠 후, 2차 전에서 그 애길 하면서 다툴 때, 옆집 아주머니의 실망이 큰 얼굴 표정을 놓치지 않고 보았다. 아군의 심판관 역인 아주머니의 표정에서 읽었다. 1차 전에서는 지고도 이긴 거고, 2차 전에서는 참패했음을.

난 알았다.

어른들의 말이 다 옳은 것이 아님을.

그 다음부터 누구의 말도 한 번은 '생각의 여과기'를 통해 듣게 되었다.

참으로 세상살이 만만치 않구나.

음울한 사춘기

나의 사춘기는 음울함과 짝짓고 싶지 않아도 할 수 없이 짝 질 수밖에 없다.

의붓아버지가 있는 가정환경에 대해 불만이 많고 자존심이 바닥까지 훼손되었던 나. 어렸을 때부터 말수가 적고 느낌이 많았던 내성적인 나. 사춘기 시절의 칼끝 같은 예민함은, 그 고비를 더욱 심각하게 받아들였다.

가뜩, 표현의 부족으로 밖으로의 발산이 필요한 데, 말수가 더 줄어드니 속으로 곪아 마음의 병이 깊어졌으나 절대 겉으로 표현할 수 없다는 꽁심은, 마음의 상황을 더 악화시켰다.

꼼꼼치 않은 성격의 엄마가 장사 돈을 아무렇게 굴려도 10원 하나 건드리지 않았던, 정직하지 않으면 큰일난다고 생각하던 삶을 완전히 뒤집은 사건을 의도적으로 계획하고 만드니, 계부에 대한 피해의식이 꽤나 컸나보다.

졸업한 중학교와 같이 있는 여자고등학교 입학시험에 합격했다. 입학금을 엄마께 타내 등록은 하지 않고 하루종일 낯선 거리를 방황함은, '이 돈을 잃어버렸다하고 다시 타내, 위태한 우리 재산을 조금이라도 내 것으로 만들어 지켜야 한다'는 엄청나게 다른 생각을 하며, 뛰는 어린 가슴을 안고 어떻게 할까.

집에 돌아와 어줍잖은 연극으로 거짓말을 하니, 어른들 눈에는 훤히 비쳤을 터, 내 생각을 들은 엄마는 몹시 서글퍼했다. 그 다음부터 학교에서 필요한 돈 얘기만 하면, 언성이 격앙되어 반강제성을 띠며 요구하는 자신을 의식하고도 고치지 못했다.

현금이 부족해지자 내 공부방까지 세를 주게돼, 안방에 딸린 다락에 공부방을 꾸미고 들어갔다. 계부가 있는 안방을 거쳐 다니는 심각함. 다리를 있는 대로 벌리고 오르내리는 출입의 불편함. 어둡고 답답하며 겨우 앉아있을 만큼의 높이에서 희망과 절망을 동시에 배워 가는 시절의 난, 심한 우울증에 시달렸다.

다락방으로 옮기기 전에 이미 아랫방인 내 독방에서 '우울의 자락'을 잡고, 숨 끊어지게 코 틀어막고 있기, 연탄아궁이에 코 박고 있기, 아궁이용 연탄난로를 방에 들여놓기까지. 아무도 모르게 세 번씩이나 자살기도를 했다. 간단하고 극단적인 방법을 쓰지 않았음은, 더 살고싶은 몸짓이겠고 지금 상황을 바꾸고 싶은 간절한 절규였으리라.

마음의 병이 심각해지자 일단 계부를 자기 집으로 보내고 안방에 누워 앓았다. 음식마저 받지를 않아 잘 먹지 못했다. 기력이 쇠해져 누워만 있으면서 창문 밖의 명암으로 충분히 알 수 있을 텐데, 밤인지 낮인지 모르겠다며 조그마한 창문만이 모든 걸 다 해결해 준다고 생각했는지, 하루종일 누워서 창문만 뚫어져라 응시하며 지내는 심각한 상황이었다.

심한 불면증에 시달리면서 목이 타 입술이 바짝바짝 타들어 가고, 그 보다 더 어려운 상황은 보름 이상 대변을 보지 못해 담배 속 같은 변을 꼬챙이로 파내는 일이었다. 내게 많은 기대를 걸었던 엄마는, 병이 깊어지자 백방으로 고치게 하려고 손을 썼으나, 별 차도를 보이지 않아 몹시 괴로워했다.

요즈음 같으면 당연히 정신과 치료를 받아야 할 병인데, 그 당시는 내과, 외과, 소아과 등 기본병원만이 큰 찻길에 동네별로 한 병원만 있을 때였다. 병원을 간다는 것이 고작해야 내과로, 감기에다 소화불량이라 기력이 떨어졌다는 의사의 진단으로 조제약을 주니, 병이 나을 리 만무하다. 당시 아무리 초 현대화 이전이라 하지만, 어느 시대나 정신병자가 존재했으므로 약간의 정신병 시초쯤으로 짐작함은 어렵지 않았을 텐데, 신경정신과 차원 이전 시대이기에 수용되지 않았겠다.

병원을 다녀와도 차도가 없으니, 고사를 지내기 위해 쌀가루와 팥을 시루에 쪄서 만든 고사떡을 집안 구석구석에 놓고 술을 뿌리며, 지극 정성 빌면서 절을 하는 할머니의 모습을 별 흥미 없이 보았다. 고사를 지내고 제일 먼저 먹게 하려고, 백설기를 내게 가져오자마자 억지로 일어나면서 우연찮게 게다 대고 밭은기침을 했다. 어지러운 눈으로 떡을 보니 흑설탕을 점점이 박은 것을 전혀 모르던 난, 기침을 하면서 피를 토했다고 울고불고 난리이니, 할머니를 위시해 가족들 모두 낭패감에 어쩔 줄 몰라 했다. 후에, 그 일이 생각 날 때마다 어이없고 송구스러웠다.

자신을 그 상태로 방치하다간 폐인이 되기 십상이라, 자신과의 싸움에서 양보심이 별로 없는 성격이 밑거름으로 작용했는지, 푸시시 스스로를 털고 일어나 앉아 자신을 추슬렀다.

우선 수시로 한편의 마음으로 '우울의 자락'이 침입하려는 초반에, 다른 편의 마음이 적군의 침략을 막기 위해 성문을 철통같이 지키는 막강한 힘의 병사가 되어, 쳐들어오는 적군을 향해 전력투구의 장을 폈다.

이름하여 '마인드 컨트롤'이다.

제일 큰 맥락은, 속으론 느낌이나 생각이 많으면서, 겉으론 잘 표현하지 않는 성격부터 고치는 것으로 정했다.

첫째, 적군인 '우울'이 들어오려 하면 재빨리 그 위기를 탈피하기 위해 다른 일을 찾아 몰입하는 것이다.

둘째, 내성적으로 음울해지기 쉬운 성격을 명랑한 성격으로 고치기 위해, 가족이나 친구들과 어울려 웃고 떠드는 것이다.

안에서 곪기 전에 끙끙거리지 않고 쏟아내고 곧 잊어버리는, 말 대신 머리가 꽉 차 복잡한 성격을 단순화시키기 위함인데, 성격의 승화라고 일컫는다면 발전의미의 승화가 아니고 고체와 기체간의 승화처럼 단순한 물리적 승화다.

마음을 다잡고 정한대로 끈기 있게 노력하니, 차츰차츰 성격이 변하면서 '우울'의 그림자가 줄어들면서 사라졌다.

그 다음부터 우울증의 침범은 절대불허이고 어떤 어려운 경우에 처해도, 걱정이 아무리 크다 해도, 잠을 못 자 애쓰는 일이 없어졌다.

자신을 스스로 구제했으나 어떤 일에나 후유증이 있듯이, 살아가면서 깊은 내면에 나 아닌 다른 나로, 맞지 않은 옷을 걸친 것 같은 자신이 맘에 들지 않음을 감수했다. 내내—.

공존의 의미

나침반이 없는 배를 혼자 탄 나. 가치관이 형성되는 시기에, 이리저리 연속으로 치이는 생활로 가치관의 성립은커녕 가치관의 혼란을 야기 시켰다.

상대에게 직접적으로 치이는 사건이 더욱 그렇게 만들었다. 또래의 동네 남학생이, 속으로 흠모하는 상대가 있었으나 전할 길이 없어, 친척인 나를 이용해 '좋아한다고 쓴' 쪽지를 전해달라고 꼬드겼다. 그런 행동이 뭔지도 모르는 맹문이는 아무생각 없이 전해 주었다. 멍청한 짓을 한, 내게 사단이 났다. 씨족동네 어른 중에 불호령이 대단한 그 분 앞에 불려가 호되게 혼났으니, 다른 집 어른한테 그렇게 혼나기는 처음으로 충격이 컸다.

철들어 판단해보니, 동네친척 중의 위 서열에다 살림도

풍족하고 아들들이 명문대에 연속해 들어가 우월감이 한창 고조될 시기에, 하찮은 집 딸인 내가 당신의 귀한 막내 외동딸에게 해를 끼쳤다는 생각이 고조 됐으리라.

매사 가치관이 부족해 자신감이 부족한 당시에, 나침반 대신 온도에 반응하는 센서 등처럼 상대에 대한 센서로 항해하게 되었고, 남을 향한 신경이 고조되어 남향성이 강한 성격이 되었으니, 어디 군건한 고유의 성격이 형성되었겠나.

그렇게 민감해질 대로 민감해진 사춘기시절, 타고난 자립심이 용트림하고 앉아 있는 속은 얼마나 애달팠을까. 거기다 약고 야무진 성격하곤 거리가 머니, 예민해질 대로 예민해진 자신의 신경을 분산시키고, 피해망상의 시간도 줄이기 위한 방편으로 독서를 선택해 심취되었다.

어렵사리 손에 든 책은 어떤 책이든 글자하나 빼놓지 않고 꼼꼼히 읽었으니, 남독과 정독을 병행한 독서로 참으로 많은 책을 읽었다. 세상에 있는 책은 다 읽어야 되는 사람처럼 밤샘하기 일수였다.

다행인 것은 가치관 혼란의 돌파구로 시작한 독서삼매가, 가치관을 성립시키는 제공자가 됐다. 소녀의 심금을 울리는 신파에서 내·외국 거성의 명작, 시집, 명상록, 위인전, 심지어는 소녀경 같이 얼굴 붉히는 내용과 만화까지 선별 없이 읽었다.

독서를 통해 세상이 넓다는 것과 사람들도 각양각색이라는 것을 알게되었으며 소녀작가의 꿈도 함께 키웠다.

더욱 중요한 것을 알게 된 것은, 사람이 살아 갈 때 누구나 무엇에든 이기고 싶어하는 마음을 갖게 되는데, 이길 수 있는 것은 다른 사람보다 마음의 차지(의욕, 용기)가 우선하면 이긴다는 것이다.

여학생시절 가운데 최대로 빗겨간 일이 있었다. 이웃에 사는 언니가 여성국극에 매료되어 가까운 극장에서 공연하면, 열일 제쳐놓고 매일 빠짐없이 가면서 쉴새없이 배우들과 국극내용을 장황하게 이야기하니, 혹해서 따라 간 것을 시작으로 처음 구경하는 국극을 좋아하게 되었으며, 박수부대를 따라 박수도 열심히 쳤고 분장실도 기웃거렸다.

남자주인공으로 멋지게 분장한 주역이 조명을 받으며, 매력이 넘치는 터프한 모션을 취하고 나타나면, '와-'하며 환호하는 소리는 요즘 오빠부대가 내는 소리와 같다.

여학생인 나는 그들과 똑 같이 행동할 수 없으나, 내가 보기에도 그 모습이 참으로 멋졌다. 게다가 여주인공과 삼각관계의 사랑싸움에서 적이 씌우는 굴레에 대응해, 몸과 마음을 불사르며 대장부 기개로 사랑을 지켜, 비련의 여주인공과의 해후하는 마지막 장면에서의 극적인 장면은 눈물과 웃음을 함께 선사했다.

개중에는 주연배우들 집까지 쫓아다니며 그녀들의 신상에 대한 소문을 무성하게 만드니, 그 또한 귀를 즐기는 별미다. 알고 보면 전부 여자인데 국극에 심취된 이들은 착각되어서일까. 사실일까. 누구와 누가 서로 좋아하는 사이다가.

잠깐이지만 시간을 낭비하며 빗나감만은 아니라고 자부함은, 국극 각각마다의 내용은 대부분 고대소설을 각색한 것이고, 그녀들의 춤과 노래는 우리의 것을 바탕으로 한 것이다.

구경을 통해 우리의 춤과 가락을 보거나 듣기를 좋아하게 되었으니, 나쁘지만은 않았다.

구경했다

겉으론 아닌 듯 무덤덤하면서 속으론 수줍었던 듯, 많은 것을 느끼고 생각하면서 표현은 너무도 서툴렀던 소녀

교복이 아닌 예쁜 블라우스와 치마를 입은 아이
예쁜 속옷이 비치는 아이
머리나 발에 멋 부린 아이
남학생과 좋아하는 아이
책을 많이 가진 아이
예쁜 종이 위에 만년필로 무언가 쓰는 아이
멋진 그림을 그리는 아이
빵집에서 빵을 먹으면서 웃는 아이들
여럿이 어울려 어딘가 가는 아이들

차려입은 엄마와 나들이 가는 아이
여럿이 손잡고 희희낙락 선생님 부르면서 달려가는 애들
선생님께서 툭툭 치면서 웃으시며 무언가 얘기 거는 애
참고서를 끼고 다니면서 공부하는 진학 반 아이들

그랬다.
그 아이들을 실컷 구경했다. 부러워하진 않았다.
그냥 구경했다.

생활범위가 좁았던 내게, 다른 구경거리를 제공한 것은 모임을 결성한 9명의 집을 놀러가면서다.

여학생 시절 그래도 건진 건, 비슷하게 성실한 10명의 동기모임이다.

10명중 가정사정이 가장 어려웠던 나는 행동을 같이 못한 적이 많아 모임에서 제일 불성실한 멤버였다.

선이는 미용실을 하는 엄마와 모두 한결같이 고운 자태의 5자매의 막내로, 언니들의 귀여움을 받으면서 보살핌안에서 크니, 여학생인데도 머리모양이나 교복 입은 모습이 단정하면서 예뻤다. 그들 자매의 특이한 점은 각 꽃들의 향기와 아름다움이 다르듯, 5명 모두 남에게 빠지지 않는 미모로 여성적 매력이 넘쳤다.

선이도 언니들과 마찬가지로 만나면 멀리서부터 미스코리아 같이 가지런한 이를 적당히 드러내며 환히 웃거나, 말하는 모습에서도 이미 여성적인 아름다움을 느꼈고, 간혹 매무새나 소지품을 다루는 선이의 손놀림을 감상하며, 이미 소녀를 껑충 뛰어넘은 숙녀의 태로 여성적인 매력이 담뿍함도 같이 감상했다.

당시 모범적인 여고생이 경험하기 힘든 특별한 이벤트인, 크리스마스나 우리들만의 야유회에 남학생들을 오게 해, 함께 할 수 있는 기회를 우리 모두에게 마련해 준 장본인으로, 미모를 따르는 남학생이 있기에 가능했고 그럴 수 있는 것은 그녀의 몫이거니 하고 자연스럽게 받아들였다.

큰 숙이는 눈망울이 맑고 피부가 하얀 얼굴로 선생님이 붙여준 별명이 있으니, 이름하여 '흰토끼'다. 하루는 등교길에서 만났다. 앞머리를 조금 집어 잘라 애교머리를 만들었다는데, 몇 가닥이 나풀대는 모습이 귀엽기도 했고 우습기도 했다. 숙녀가 되기 위한 발 돋음으로 시작된 표현이다. 키가 크고 날씬하며 하얀 얼굴에 이목구비가 예쁘면서 자연스러워, 언제나 보기 좋은 숙이는 누구보다 아름다운 숙녀가 되리라 생각했다.

큰 숙이는 1남 3여의 맏딸로 부모님과 동생들을 생각하는 마음이 각별하다. 하루는 방학 중, 연이와 전 동네에서 단짝인 친구의 집이 마침 비워, 크리스마스 밤을 함께 보내기로 했다. 모두 모여 재미있는 시간을 보냈는데, 큰숙이가 오지 않아 아침 일찍 숙이네 집으로 쳐들어갔다. 쿨쿨 잠을 자고 있어서 깨우느라, 이 애 저 애가 건드려도 '음냐 음냐, 쌕쌕.' 그 모습이 천생, 아기다. 마음도 생김처럼 유순해, 시집을 잘 가 알콩달콩 잘 살겠다.

작은 숙이는 똘망똘망해, 반대표를 맡곤 했는데 말하거나 노래하는 입모습이, 잘 익은 맛 좋은 과일처럼 탐실해 눈길을 끈다. 나중에 이사 간, 우리 집 가는 길목에 숙이네 집이 있어 자주 놀러 갔는데, 갈 때마다 새로운 것을 제일 많이 접함은, 가정환경도 좋은 데다 다양한 가족구성원 때문이다.

부유한 집안에 아들 하나 둔, 1남 5녀의 넷째로 언니나 오빠의 영향으로 다양한 생활을 했다. 큰언니가 음대에서 피아노를 전공했고, 노래 잘하는 작은 숙이도 피아노를 치면서 노래하는 획기적인 모습을 보여주었다.

당시 우리나라 교육환경은 아직 후진국 수준으로, 피아노가 있는 집은 학교 내 천여 명중에서 두 아이 뿐이었다. 걔네 집에 놀러 갈 때마다 피아노를 둥당거렸으니, 가족들이 얼마나 시끄러웠을까. 생각이 날 때마다 죄송스럽기 그지없다.

나중엔, 가게를 했던 자리에 건물을 새로 지어 음료도매점과 살림집을 합해, 복합적인 상황으로 단순한 우리네 살림과 다른 면모를 접하게 했다. 숙이를 기다리는 동안 가게에 딸린 널따란 방에서 각자의 이름이 수놓인 속옷을 개켜서 여러 개의 탑처럼 공들여 쌓는 할머니의 모습을 감상하고 있는데, 숙이 아빠가 들어와 간이용 금고에 든 수표책에서 한 장을 뜯어, 금액 등을 직접 기입해 수표를 발행하고 돈 대신 지불하는 것이, 1960년 초반시대의 여고생에게는 너무도 기이했다.

숙이 부모님께서 사업을 하면서 대가족을 이끌며, 일사불란하게 움직이며 열심히 사는 모습에 감동을 받아, 어린 내 마음까지 흐뭇했다.

애순이는 자신의 집에는 데리고 가면서 엄마보다 이모의 이야기를 많이 해, 가정 사에 무언가 사연이 있음직 한데 털어 버리지는 않았다. 자신의 비운을 자신만이 감당하며 가야한다는, 깊은 마음이 모습에도 베어있는 걸까. 하얀 얼굴에 혈색이 돌아 선홍색의 밝은 색의 환한 얼굴에 비해 눈 속 깊이 암울한 기운이 도는 듯해, 눈 속이 그리 행복해 보이지 않았다.

애순이 성품이 예민함과 대범함이 같이 공존하기에 그러는 듯해, 상대적인 이해로 접어서 같이 가져갔다. 얽히는 사람의 특성으로 일 처리를 잘하는 사람은, 알고도 모르는 척 모르고도 아는 척 한다나. 흉내를 내 봤다. 애순이 마음을 다치면 안되니까.

변두리 집과 학교를 벗어나 명동 근처에 사는 애순이네 집을 몇 번인가 간 적이 있다. 도시적인 동네 분위기와 서양풍 집안의 모습과 대접하는 음식도 외국에 온 것 같이 특색이 있어 설레게 했다.

시냇물에 담긴 손과 발이 너무 예뻐, 감상하게 하는 애순이는 고맙게도 문밖 멀리에서 모처럼 4대문 안을 구경가게 하거나, 흠모하는 선생님 댁에도 방문하는 획기적인 이벤트도 가끔 동반 해, 집 근처에 있는 학교로 4대문 밖에서만 생활하는 촌스런 소녀에게 새롭고 다양한 경험을 갖게 했다.

큰 자야는 키가 좀 큰 편에 호리호리하며 얼굴이 작고 신세대적인 명랑성으로 급우들에게도 이성에게 대하듯이, 애교와 재치로 일관하는 모습에서 별명이 붙여지니, 이름하여 '생쥐'다. 눈을 예쁘게 흘기며 재미있어 죽겠다는 표정으로, 새새거리며 웃던 모습이 눈에 선하다.

멋에도 센스가 있어 교복 입은 모습까지 세련되게 보이고, 쌍꺼풀이 없었는데 생기게되어 깜찍한 얼굴이 되면서 더 예뻐졌다. 그 당시 성형미인은 연예계에나 있었을까.

학생신분으로는 아니겠고 얄상한 눈매라 어찌어찌해서 만들어졌겠다.

졸업하고 얼마 안돼, 모 TV방송국 모집에 합격해 탤런트가 됐다. 자야는 누구보다 도심지 최신식의 역할을 맡은 연예인에 발 돋음 하다 도중하차하나, 우리에게 도심의 바람을 느끼게 했다. 점점 세련미가 더하는 자신의 모습만큼이나 새롭게. 색다른 곳을 찾아서 데려갔고 어느 곳에서나 세련된 매너로, 우리들에게 즐거운 시간을 선사했다.

결혼과 함께 사정이 어려워져, 여러 일에 기웃거리며 스트레스를 쌓았는가.

그녀는 우리들 곁을 벌써 오래 전에, 그렇게 훌쩍 떠났다.

아직도 실감이 나지 않게 해놓고.

지금도 곁에서 새새거리며 웃고 있는 듯하다.

대신 영원히 늙지 않을, 밝게 빛나는 젊은 미모를 한껏 발하면서.

책이 나오면 성묘를 가야겠다. 아이들 몇이서 함께.

연이는 수학을 특히 잘하고 필기할 때 만년필을 애용하며 글씨를 멋지게 썼다.

연이의 집은 서울을 막 벗어난 곳으로 아주 시골은 아니지만, 한 번도 농촌을 접하지 않은 내게 새로운 경험을 맛보게 했다. 시골 고유의 풍경과 농촌 집안의 아늑함, 신토불이로 정성껏 차려주신 밥상은 꿀맛 잔치였다.

기차를 타는 재미도 있고 차창에 비치는 풍경에 매료되어, 밖에 눈길을 주면서 "하하, 호호." 이야기꽃이 만발이다. 모범 여학생들이 둘러앉아 Y담 비슷한 그런 말까지 했으니, 지금 생각해도 희한하기만 하다.

그 중 가장 모범생인 작은 숙이가 하는 말이 "어느 선생님이 수업을 하다가 애들에게 문제를 냈대. 살끼리 닿고 털끼리 닿을 때, 기분 좋은 것이 무엇일까 하고 물었는데, 몇 아이들은 킥킥거리며 웃고 다른 아이들은 그게 뭐지, 하며 고개를 갸웃거렸대. 너희들은 그게 뭔지 알겠니"하며 묻자, 우리 애들도 똑같이 두 패로 나뉘어졌다. 웃는 아이들 중 "너 그거 흉한 얘기 아냐"하면 "글세, 그게 흉한 걸까. 나도 잘 모르겠는데"하며 능청을 떠니 "하하하, 호호호." 귀가 따갑다. "선생님이 웃는 애들은 좀 덜 순진할 수 있다고 하니까, 웃던 애들이 동시에 뚝 그쳐 물 끼얹은 듯이 조용해지니, 이번엔 선생님이 크게 웃었대. 이어 모두 교실이 떠나가라 웃었대." "아무리 생각해도 잘 모르겠는데, 수학문제보다 더 어려운 것 같아." 어려운 수학 문제일수록 꼭 끝장을 보는 오늘의 주인공 연이의 말이다.

"잘 모르지. 잠잘 때를 생각해봐. 눈의 상태가 어떻게 되나. 너희들은 잘 때 기분 좋지 않니. 나는 잘 때가 제일 좋은데." "호호호…."

기차가 달려간다. 연이네 집으로~ 공중으로~

작은 자야는 위로 오빠가 많은 부자집 막내 외동딸로, 귀여움을 독차지하며 자랐고 친구들에게도 어리광 비슷하게 부리기도 하는데, 그 모습이 하나도 어색하지가 않고 다정스럽다.

특히 그림을 잘 그리고 그리는 자태와 손의 모습에 정이 들어있어 보기 좋다. 크리스마스카드나 유명한 연예인들의 사진을 보고 똑같이 그린 것을 우리들에게 선물했는데, 모두들 없어졌다하고 나만 유일하게 간직하고 있으니 경매나 붙여볼까.

크고 멋진 집에다 큰오빠가 자개장 공장사장이라 가구들까지 으리으리해, 꼭 고대광실 같다. 가끔 어른들이 안 계신 날엔, 자야네 집에서 특별한 이벤트가 있었으니, 항아리 같이 큰 유리병 여러 개에 가득 담가놓은 포도주를 퍼다 마시는 거였다. 달콤하고 혀를 짜르르 찌르는 맛도 좋아 "처음 맛보는 이 맛, 최고야"하며 엄지손가락을 높이 들면서 웃기는 아이의 그 모습을, 지금의 음료수 CF 소재로 하면 제격이겠다.

시집가기 전후해서 자야 네서 모두 함께 자개상을 똑같이 맞춰 가졌는데, 모두 버리고 또 우리 집만 아직까지 가

보처럼 남아있다. 귀빈을 대접할 때, 변함없이 1차로 쓰는 상으로, 자개와 턱이 떨어져 고물이 됐는데도 그 연혁을 대접한다.

희야는 언제나 바지런해 깔끔하고 단정하다. 오빠들과 언니들이 많아, 우리들의 부모보다 연세가 훨씬 많은 부모의 막내로 자랐으며, 자아의식이 강하고 자신의 상황이나 맵시를 위해 노력하는 성품이다.

적당히 큰 키에 몸매가 좋아, 옷 태가 나는 조건도 일조한다. 난 그녀에게서 제일 먼저 여성의 성숙을 보았다. 교복을 주로 입는 여학생 때부터 교복으로도 충분히 볼륨을 주며 멋이 났다.

막내면서도 성숙한 여인네의 자태를 느끼게 하고 막내의 시샘을 부리기도 하니, 묘한 감을 준다.

최근에 간, 희야네 집이 그녀 특유의 멋 부리기처럼, 단정하면서도 화려한 느낌을 주어 묘하니, 집도 주인을 닮는다니 맞는구나.

봄이는 고입 때 가정사정으로 1년 늦게 입학해 한 살 위이기도 하지만, 언제나 과묵하고 듬직해 맏언니 격인지라, 어느 때부터인가 봄이를 중심으로 움직이게 되었다.

나와 둘이 편모슬하이나 고부간의 심각함으로, 나와 전

혀 다른 성질의 불우한 가정환경에서 살았다.

내가 여중 때 앓았던, 우울한 나날을 보내며 살고싶지 않다고까지 말했다. 여간해선 표현하지 않는 성격인데 그렇게까지 말하니, 우리 모두 심각했다. 눈치로만 짐작해 보건대, 봄이의 전혀 모진데 없이 인자하신 엄마에게 대하는, 올케의 소행이 말로 표현할 수 없을 정도인 듯했다.

그런 집에 들어가기 싫어 가출을 시도한 적이 있었는데, 어찌어찌 수소문됐는지 우리들 몇이, 서울역 벤치에 있던 봄이를 찾아서 집으로 데리고 간 기억이 난다. 아침나절인 걸로 보아 게서 밤샘을 했겠는데, 너무도 침잠하게 우울한 표정이 배어 있는 상태가 너무 심각해, 핏기 없이 노랗게 뜬 얼굴이 검게 보일 정도인, 불쌍한 그 모습을 지금도 잊지 못한다.

비슷한 시기에 마련한 자가용으로 나들이 할 때, 차를 몰고 가면서 하는 말은 "야, 참 어릴 적 몹시도 불우한 네가, 차까지 몰고 다닐 줄 몰랐다. 참 너 많이 컸다"하면 "사돈 남 말하네." "깔깔깔 까르르…." 아줌마들 웃음소리에 차안이 떠나간다. 차도 따라 웃는다. 빙긋.

모두에게 고맙다. 불우한 자락의 끝을 붙잡고 살던 내게, 다양한 구경거리와 맛난 것을 주어 많은 위로가 되었음에.

턱걸이 여고시절

엄마의 재산관리 부족으로 교대에 들어가 교사가 되는 것이 꿈이어서 열심히 공부해야 하는 때에 낭패를 맞게되니, 엄마에 대한 원망이 컸다. '어쩜 이렇게 운이 없지. 대학을 가기 위해 꼭 필요한 때에 모든 재산을 잃다니.' 너무 참담했다.

여고 2학년 무더운 여름 하교 길, 이사 간 집이 전보다 훨씬 멀어져 버스로 다섯 정거장은 족히 된다. 땀을 흘리며 무거운 가방을 들고 힘이 빠져, 축 쳐진 걸음으로 집에 도착할 무렵, 이상하게 우리 집 앞에 가재도구가 널려있는 것이다. '누가 이사하나보다'며 다가가는데 아무래도 낯이 익어 자세히 보니, 우리 집 살림살이들이고 대문은 나무로 '×'자로 막아 못 들어가게 돼있었다. 은행에 저당 잡혔던

집을 속아 잘못 들어 간 것이고, 경매에 넘겨져 집달리가 그렇게 한 것이다.

부엌도 없어 한 데를 이용하는 단칸방을 겨우 얻어 이사했다.

공부보다 호구지책이 급한 상황이 되니, 대학은커녕 고등학교도 계속 다닐 수 있을지의 위기에 놓였으나, 그대로 주저앉을 수 없어 '삶' 대 '사회'의 한 판 승부를 위해 피나는 악전고투의 시작종을 울렸다.

방과후 초등학교 저학년인 이웃 아이들의 공부를 돕고, 감겨지는 눈을 비비며 밤새 스웨터에 십자수를 놓았으나 학비는커녕 호구지책에도 크게 도움이 되지 못했다.

방과후에 배가 몹시 고파 찬장을 뒤져보니, 찬밥 한 덩이가 있어 먹으려고 반찬을 찾아도 없어, 간장에라도 비벼 먹으려고 찾아보니 그마저 없어 소금과 고춧가루에 비벼 먹었다. 눈물을 섞어서.

그 때, 처량한 생각은 들었으나 나락으로 빠지는 심정은 아니었다. 어린 마음이지만, 그 때부터 어리석은 엄마와 엄마를 속인 사람들에게 향하는, 아니 세상을 향해 도전하는 마음이 싹터 왔다.

초운부터 시작된, 불운의 덩어리로 응집된 불행의 결정체의 나날. 당시는 몹시 어두워 앞이 보이지 않고, 넘기기 힘든 쓴 약이었으나, 대신 인생의 보약으로 강한 자립심을 선사했다.

'어렸을 때 고생은 사서도 하라.'

'눈물 젖은 빵을 먹어보지 못한 사람은 인생을 논하지 말라.' 했던가.

학구열이 강한 내게 뿌리까지 흔들리게 한 고배는, 석 달 만에 한 번씩 돌아오는 등록금을 스스로 해결하는 거였다.

실의의 나날로 화투판에서 살다시피 하는 엄마는 비만체격이 점점 더 비대해져 몸 가누기 힘들 정도가 되어, 등록금의 난제를 풀기엔 역부족이라 기대를 접고, 내가 할 수 있는 일은 가능한 한 다 동원했다.

우선, 엄마가 빌려주고 못 받은 돈을 받으러 다니는 일이다. 멀리 걸어다니느라 힘만 들었지, 채무자들에게 돈 대신 거꾸로 문전박대만 받았다. 어른인 엄마가 어린 여학생인 딸에게 일임하는 것부터, 받기를 포기한 뒷심 없는 엄마의 성격을 훤히 꿰뚫어 본 양, 모두들 비슷한 반응이었다.

빚돈 받기를 포기하고 추렴하기 위해 친척집들을 찾아다녔다. 살림하는 안의 어른들은 겉은 웃으며 거절하지만, 속마음의 냉담을 읽어내고 바깥어른들 직장을 찾아다녔다. 수치심 없이 그랬으니, 철부지 적 한때의 만용인가. 삶에 대한 강한 욕구인가.

등록금을 마련하기 위해 다니는 날 외에는, 전혀 수치심을 느끼지 못하고 학교에 출석한 일. 그건 절대 만용이 아니다. 강한 학구열 때문이다. 당시 학교에서 정해진 날까지 등록금을 못 내면, 선생님들께서 호명조차하지 않고 결석으로 치니, 그런 경우 강한 자존심과 예민한 시절의 여학생들 대부분은 학교에 나오지 않았다.

하루는 어렵사리 마련한 등록금을 내러 가는 도중, 학교에서는 한창 수업 중일텐데, 근처에 있는 자동차교습소 철책에 매달려 계속 돌고있는 차들을 하염없이 보면서 심한 갈등에 빠진, 교복 입은 여고생이 있었다.

그 여학생은 엉뚱하게 등록금 낼 돈으로 운전을 배워 운전기사로 돈을 벌면 어떨까. 학생이냐, 운전기사냐의 갈림길에서 헤매는 중이었다. 자칫, 여자운전사 몇 호 안에 들뻔했으나 하지 않기로 결론 내린 것은, 운전하다 교통사고로 돌아가신 하늘에 계신 아버지께서 근심 어린 표정으로 내려다보면서 반대하는 듯 해서였다.

턱걸이에서 떨어지면 죽음이다. 아니 졸업을 못한다. 떨어지지 않고 버티어 무사히 졸업을 했다.

많은 세월이 흘렀다.

어렵사리 지내 온 청춘
허구였었나.
그 모든 내 청춘의 갈피들이.

하늘로 치솟던 그 의욕도
마음속 깊은 곳에 함께 했던
'청춘 예찬'의 '피 끓는 청춘이여—'도.

선수는 배가 고파야 경기에서 이긴다고 했던가.
세월이 가면서 배가 덜 고파서일까.

전기의 힘에 따라 분수대의 물 뻗침이 다르듯
에너지 발동기에 부지런히 기름을 쳐야겠다.
북돋아 계속 뻗치기 위해.

3. 맨 손으로

길게 살지는 않았지만
여기까지 산 내 세월,
약관을 막 지난 나이에
자칭「신기록 1호」로 명명한다.
'누워서 안 잔 한달'을.
'독기를 품으면 오뉴월에도 서리가 내린다'고 했던가.

취업과 공부

어렵사리 졸업을 하고 취직을 하기 위해 백방으로 수소문했으나 속임수가 많았다. 차비도 부담되는 때에 신문에 난 구인란을 보고, 먼 곳을 구비서류인 이력서에 사진 붙여들고 찾아가니, 접수비 받고는 몇 가지 서문이 있는 서류를 기록하고 집에 가서 통고를 기다리라고 한다. 나서면서 많은 사람들이 접수하려고 줄서있는 것을 보고, 아직은 세상 물정이 어두웠던 신출내기라도 금방 눈치를 챘다. 그들은 사무실을 잠깐 빌려 몇 푼의 신문광고비를 내고 그럴듯한 구인내용으로 사람들을 끌어들여, 어려운 이들의 접수비나 챙기는 치졸한 위인들임을.

졸업한지 사뭇 지났는데도 아직 개비 하지 못한, 학생시절부터 신었던 낡은 운동화 밑창이 떨어져 걸을 때마다 밑

창에 발을 맞추며 걷기로 한다. 두 번 타고 온 버스를 한 번만 타기 위해.

1960년대 중반, 아직은 순수한 시대인 사람들로 덜 영악했는데도 치사한 위인이 더러 섞여있음을 눈치채고 정했다. 아무나, 아무거나 믿을 수 없음을. 사회 첫 발부터 불신을 갖고 출발했다.

사회초년병이 그러하니, 인생선배인 사람들이 저마다 이미 자리 잡았을 터, 명명하여 '불신시대'의 진입 포를 울렸던 바는 아닐까. 미처 깨닫지 못했을 뿐.

여고동창모임 애들 중에 내 사정을 아는 가장 가까운 아이 둘, 봄이와 선이가 찾아와 선이네 언니 다방에 취직하는 것이 어떻겠냐고 해, 약속을 정하고 시내에 있는 다방을 찾아갔다.

주인인 줄 안, 선이네 언니는 한복을 곱게 차려입고 근무하는 다방마담이었다.

사장이라는 사람 앞에 앉아 면접을 보는데, 아래위로 훑어보는 눈길에서 징그러운 뱀이 몸을 기어가는 느낌을 받아, 사장과 선이 언니가 안 보이는 틈을 타 '걸음아 나 살려라'하고 도망쳐 나왔다. 훗날, 그렇게 권했던 친구 둘과 종종 웃으면서 이야기했다. "그때는 네 처지가 딱한 것만 생각하고 철부지같이 그랬지. 세상물정 하나도 모르면서."

그 다음에 돈 되는 일은 가리지 않고 여러 가지 일을 했으나 선입견이 나쁜, 이하의 일은 하지 않았다. 아침 먹으면 점심을 걱정해야 할 정도로 집안사정이 아무리 급박해도, '평양기생'으로 뽑혀도 제가 싫으면 할 수 없다. 끼가 없으면, 돈을 쉽게 많이 벌 수 있다해도 본인이 아니면 아닌 거다.

취직이 잘 안돼는 것을 알고 후회한 이유는, 중학교와 같이 있는 인문여고에 간 것으로, 여자상업고등학교를 나와야 취업이 잘되는 것이었다. 3학년 후반기에 진학 반이 아닌 취업 반에 들었으나 형식적인 과정일 뿐. 주산, 부기, 타이핑은 시험으로 급수자격이 주어지는 것까지는 바라지 않더라도, 사회에서 요구하는 최소한의 수준도 그 짧은 학습으로는 어림도 없다.

끼니 잇기도 심각한 상황이라 잠시도 놀 수 없어, 처음 들어간 곳은 분말오렌지주스나 콜라, 사이다를 만드는 식품공장에 다니게 되면서, 속칭 '공순이' 생활이 시작 됐다.

처음 한 일은 양팔저울 왼쪽접시에 추를 놓고 오른쪽에 약봉지 같이 작은 비닐봉지에 긴 차 수저로 주스가루 넣기. 중간 크기의 비닐봉지에 주스봉지 몇 개 씩 넣기, 전기인두로 봉지들의 입구 막기. 상자에 넣어 포장하기. 주스파트의 일이 없는 날은 음료수파트로 가서 장화신고 병 닦기. 기계에서 돌아가며 다 채워진 음료수병 꺼내기. 병마

개 막은 것을 물 속에 담가 공기가 나오나 검사하기. 합격품을 꺼내서 칸 상자에 넣기. 끌 대에 올려놓고 운반 돕기.

공부 외에는 한 일이 별로 없던 내게, 하루종일 같은 일의 반복은 단조로워 적응하기에 어려움이 있으나, 게서 배운 것은 섬세한 일을 잘하는 방법으로, 하는 일에 시선을 고정하고 집중해서 하면 잘하게 된다는 것이다. 구기운동할 때, 공에서 눈을 떼지 않고 해야 잘할 수 있는 원리와 같다.

두 번째 간 공장은 미국에서 온 트랜지스터라디오 부품을 조립하는 일로, 줄줄이 앉아 자기가 맡은 부품을 정확하게 제자리에 꽂아 옆으로 보내는 것이다. 배선파트에 마지막에 앉은 난, 다음파트인 전기인두로 납을 녹여 연결하는 것을 보면서 하고싶어 부러워했으나, 그 일을 하는 사람은 납 연기에 눈이 시다고 어려움을 토로했다.

진짜 하고 싶었던 일은 넘볼 수 없는 마지막단계인 팀장의 일로, 완성된 라디오에 연결한 커다란 이어폰을 머리에 쓰고 주파수에 맞춰 채널을 돌리면서 소리를 검사하는 일인데, 거기서 대 선배 격인 그녀는 그 일을 하면서 특권층처럼 으스대기도 했지만, 위시한 팽배된 분위기는 모두에게 선망의 대상으로 충분했다.

사람은 환경의 지배를 받는다는 말처럼 사고의 한계가

그 환경 범주 만큼인가 보다. 모두 자신이 쳐놓은 덫에 치이는 것은 아닌지. 자신이 만든 테두리 안의 모든 것이 전부이고 희로애락의 끝이라고.

세 번째 간 공장은 화장품공장으로, 창고 같은 큰 건물 안을 셋으로 나누어 사용하고 있었다.

왼쪽 끝 칸은 화장품을 만드는 곳으로 실험실 같은 장치와 기구들로 가득 찼다. 가운데 칸은 벽에다 접기 전의 상자들을 높게 쌓아놓고, 빈 공간에서는 작은 상자에 담겨 완성된 화장품을 큰 상자에 포장하는 곳이다.

오른쪽 끝은 우리가 일하는 제일 넓은 곳으로, 입구에는 가로지른 업무대에서는 화장품을 담을 갖가지 크기의 상자 접기인데, 꽤 까다로운 상자는 어려웠다. 그 안쪽에는 세로로 길게 두 개의 업무대가 나란히 놓여있어 왼쪽에서는 화장품을 담는 용기를 준비하고, 오른쪽에서는 두껍고 큰 비닐포대에 담긴 화장품을 용기에 담는 작업과 뚜껑 닫고 레테를 붙이는 업무분담으로 화장품을 완성한다.

순전히 수공에만 의지하는 작은 규모의 공장이나, 공장 안에서의 가족적인 회식과 점심시간에 배구나 탁구게임이 기억나는, 사장의 배려가 있는 따뜻한 공장으로 기억된다.

공부를 열심히 했으므로 대학이 아닌 곳에서 일하는 자신이 알맞지 않다고 스스로를 생각하며, 맞지 않은 마지막

일은 다방 수준 위로 볼 수 있는 당구장에서 일하는 거였으며 거기까지다.

아침부터 돈내기 당구를 하기 위해 한창 일해야 할 삼, 사십대들의 당구장 출근은 한심스러우나, 나마저 그런 사람들의 일조가 있어야 월급을 받으니, 얽히고 설키는 사회생활 속에서 입산할 마음이 없으면서 독야청청을 읊으면 크게 모순되니 입을 다물어야겠다.

당구대에 깐 천의 손질은 까다롭다. 습기가 있으면 공이 제대로 구르지 않아 다림질을 해서 습기를 제거해야 한다. 큐 끝에 붙이는 파킹도 닳으면 떼어내고 새 것을 본드로 기술적으로 붙여야하며, 공과 초크와 점수 판의 관리, 청소도 습기와 먼지를 피해 살살해야 한다. 담배 등 수시로 시키는 손님들의 심부름도 만만치 않다.

제일 싫은 것은 아침에 출근해 일을 하고 있는 내 뒤로 다가와, 나만한 아들을 둔 늙수그레한 주인이 두 팔로 살며시 감싸안으면, 소스라치며 몸을 빼고 도망치는 것을 즐기는 태도이다. 지금 같으면 성희롱 죄로 당장 고발할텐데.

목구멍이 포도청일 망정, 빨리 그만둬야한다는 생각뿐이었다. 그 속을 누가 알랴, 울화통 터지는. 남자들이란 그런 흉내라도 내야, 남자 축에 든다고 착각하는 것은 아닌지. 나 원, 참.

일을 마치고 손님들이 두고 간 신문에 작지 않게 난, 모 백화점의 첫 직영사원 모집공고가 눈에 띄어 읽어보니, 내게 딱 맞는 조건이 제시되었다. 자격은 고졸이상 학력에 25세 이하의 미혼, 시험과목은 국어, 영어, 수학, 사회, 일반상식 5개 과목이다.

그런 조건을 두고 모집하는 곳에서 일한다면, 최소한 자존심의 보상과 보수도 받던 보수보다 월등할 것은 뻔하니, 꼭 내가 적격이다. 아니 내가 꼭 합격해야 한다.

마음을 다잡아 태우며 밤새 뒤척이다 새로운 새벽을 맞이했다. 입사시험까지는 한 달 남짓 남았다.

당장, 당구장을 그만두고 단간 방에서의 시험공부는 여의치 않아, 있던 돈을 각출해 집 부근에 있는 독서실 출입증을 끊고 공부에 돌입했다. 잦은 이사로 살림도구를 줄여야 했기에, 여고 때 쓰던 책들 중에 교과서까지 헌 책방에 팔았으나, 기본적인 참고서적들은 절대 버리지 못하게 한 덕으로, 다행히 공부할 책들은 마땅했다.

당장 끼니가 여의치 않아 몇 푼이라도 더 받으려고 철새처럼 옮겨다닌 일터를 단호히 접고, 조건이 걸 맞는 무언가를 찾았으니, 죽기살기로 해서 끝장을 봐야한다는 각오로 돌입했다. 집안사정에 비해 큰 지출인 독서실비를 상쇄시키기 위해서라도.

그래서일까.

한 달 동안 식사시간외에는 24시간 독서실 책상에 붙어 앉아 공부에만 전력투구했다. 책을 뚫어져라 들여다보면 깨닫게 된다는 '안광이 지배를 철한다'처럼, 초능력자가 정신집중을 해서 시선을 모아 쏘아보면, 촛불을 끄거나 스텐으로 만든 수저를 구부리듯, 꼭 합격해야 한다는 마음의 끝이 칼끝 같아져서일까. 웬만해선 잠이 오지 않아 한달간 바닥에 눕지 않고 책상에 엎드려 잠간씩 눈을 붙이는 것이 고작이었다.

길게 살지는 않았지만 여기까지 산 내 세월, 약관을 막 지난 나이에 자칭「신기록 1호」로 명명한다.

'누워서 안 잔 한달'을.

'독기를 품으면 오뉴월에도 서리가 내린다'고 했던가.

백화점 입사

13대 1의 경쟁률을 뚫고 당당히 합격했다.

마지막 단계인 면접시험 때는 너무 떨려 제대로 답변을 하지 못한 것이 마음에 걸려 조바심을 냈으니, 뛸 듯이 기뻤음을 어찌 다 말하랴.

면접시 회장님께서 웃으시며 "학교 때 수학을 잘 했나보네. 수학점수가 0점인걸 봐서." 내 눈이 커다래지면서 얼굴이 화끈거리는 것을 보더니, 소리까지 내 웃으며 "아냐, 아니에요. 농담이에요."

막내 이모께 빌려 입은, 원단 속에 숨은 듯한 줄무늬가 있는 무릎까지 오는 쥐색모직 세미스커트에 흰 스웨터를 단정히 받쳐입은 모습이, 화장기 없는 순수한 얼굴과 잘 매치 된 이미지가 일조를 한 것 같다.

직영사원 1호로, 백화점에 소속된 영업사원인 판매원을 일컬음이다.

나는 백화점 안에서 한 곳인 아동화부에 배치 받았다. 열심히 맡은바 책임을 다하는 모범사원으로, 잘 운영하느냐는 내 손에 달렸기에 막중한 책임을 느꼈다. 다잡은 마음아래, 제품 하나 하나에 애정을 갖고 손볼 것은 손보고 정성껏 닦아 예쁘게 진열하고, 어린 손님이 마음에 드는 구두가 나올 때까지 신기고, 벗기고 하며 제 주인을 찾아가도록 적극 도왔다.

일과 중에서 제일 힘든 일은, 1층 서쪽 끝 식당 옆 검품실에 상사가 매입해서 업자가 두고 간 구두에 정찰을 찍어서 붙이고, 가득 든 커다란 자루를 2층 동쪽 끝에 있는 아동화부까지 끙끙대며 운반하는 일이었다. 별로 건강체질도 아닌 내가 남자 이상의 힘을 냈으니, 그 힘이 어디서 나왔을까.

열심히 일한 대가는 대 만족이었다. 조금이라도 월급을 더 주는 곳을 찾아 몇 군데 거쳐간, 직전의 직장에서 월 1500원을 받았는데, 예서는 6500원을 받았으니 4배가 넘었다.

졸업 후, 직장을 몇 군데 다녔으나 옷을 사 입을 처지가 아니라 별로 신경 쓰지 않고 지냈다. 시내중심에 있는 직장을 다니려면 옷, 구두, 가방을 개비 해야하나 공장에 다닐 때 행색 그대로, 싸구려 의복과 도시락을 싸 갖고 다녔던 빨갛고 커다란 비닐가방을 들고 헐어진 단화를 신고, 별로 의식하지 않고 시내 한 복판을 활보하며 다녔다.

처지가 나아진 지금도 의상에는 별로 신경 안 쓰기는 매한가지다. 겉포장보다 물건의 내용이 실해야한다는 생각과 비슷하다.

출근채비부터 차려야 하고 의식주가 불편한, 상황이 최악인 살림도 필요한 것들이 많은데, 다 무시하고 돈에 앙심먹은 사람처럼, 첫 월급부터 월 적립액이 4000원쯤인 10만원 짜리 적금부터 들었다. 평생을 그런 각오로 살았다면, 지금쯤 갑부는 아니라도 부자는 됐을 텐데.

무엇을 하게되면 다른 일에는 안중에 없는, 스스로 원하고 그래야 한다고 주장하는 것과는 상관없이 「확산적인 사고」가 덜 발달돼서인지, 한가지 일에만 몰두하고 전력투구하는 성격이라, 맡은 일인 아동화에만 매달려 열심히 일했다. 하루는, 엄마 없이 아빠 혼자 데리고 왔던 두 아이들의 신발을 신기면서 시중을 열심히 드니, 고맙다며 수고비라고 돈을 주는 거였다.

판매원에게 팁을 제시한 것은 이외였고, 마땅히 할 일을 했을 뿐이므로 마음은 고맙게 받겠다며 단호하면서 정중하게 거절했다. 게다가 그 분이 물건값으로 내고 간 돈을 입금시키려고 보니, 천 원 짜리 새 지폐가 딱 붙어 있어서 한 장을 더 냈기에, 천 원을 들고 백화점 여기저기를 뛰어다니면서 그 분을 찾아서 돌려주었다. 사장님과 관계 있는 분으로 사장님까지 알게되어 친절사례가 되었고, 그 해 몇 명의 모범사원으로 뽑힌 사람에게 주는 상품을 받았다.

입사 시에도 3개월간 수습기간이라 하면서, 백화점 맨 위층에 있는 대학강의실 같이 꾸며놓은 곳에서 연수를 받았다. 처음 1개월은 근무 없이 각 방면의 명사와 강의내용과 관계되는, 본 백화점이나 연계된 회사의 간부들을 강사로 초빙해 하루종일 강의로 일관했다.

전체적인 일정과 프로그램에 의한 강의주제를 보면, 이 방면으로 무지몽매한 우리들을 전문적인 사원으로 만들려는 의도 하에 체계적으로 잘 짜여졌다. 강의내용을 보면, 대학 교양과목에 이은 전공과목처럼, 교양강좌부터 '근무태도', '우리 백화점의 유래와 현재의 상황' 및 '매매시 고객의 심리' 등의 강의로 점차 심도 있게 발전되었다.

교양강좌 중, 기억에 남는 것은 조 풍연 씨의 말씀 중에서이다.

"여러분들은 남에게 실수를 했을 경우에 어떻게 하십니까. 한가지 예를 들어볼까요. 사람이 많은 버스를 타고 들어가다 여학생이 남학생의 발을 밟았습니다. 어떻게 해야

할까요. 그 여학생은 미안하지만 부끄러워 얼굴만 빨개졌지, 미안하다는 말을 못했어요. 그럴 때 그 남학생은 매우 기분이 나빠지면서 '남의 발을 밟고도 미안하지 않은가. 얌체같이'라고 생각하게 되지요. 여학생은 많이 미안해도 표현하지 않으니, 상대가 그 속을 알 수 없어 오해하기 십상이지요. '침묵은 금이다'의 뜻은 말이 많으면 쓸데없는 말을 하게된다는 것이지, 무조건 표현을 하지 않아 의사소통의 불편함까지 초래해서는 안되지요. 지나치게 자신을 나타내는 것도 문제지만, 자신의 의사표현이 너무 없어도 문젭니다. 피할 것은 피하고 알릴 것은 알리는 PR시대 아닙니까." 위트도 섞어서 하는 강의가 귀에 쏙쏙 박혔다.

다른 전문가의 판매에 대한 강의 중 기억나는 내용은 고객심리변화에 따른 5단계기법에 대한 것으로

1단계는 판매의 중요성을 인식하고 고객을 맞이할 때, 신뢰감을 주는 용모와 복장, 호감 가는 표정으로 마음을 전하는 인사로 편안함을 주며 맞이하는 태도로 기본자세를 확립한다.

2단계는 고객의 구매심리를 이해하고 상황과 욕구를 파악해, 그에 맞는 판매단계를 적용할 수 있다. 질문과 경청기법의 활용과 고객유형에 맞는 상품의 제안기법을 터득한다.

3단계는 고객에게 예의를 갖춰 친절하게 상품을 설명하고 권유할 수 있다. 적절한 상품을 권장하는 요

령 및 화법을 터득한다.

4단계는 고객에게 상품에 대한 확신을 주면서 선택을 돕고 기회를 포착해 구매를 촉진한다. 화법과 판매의 향상을 위한 상황에 대응할 수 있는 기법을 적용할 수 있다.

5단계는 고객의 만족 도를 확인한다.

이는 고객 접점에서의 서비스 영업력을 강화하여, 매출증대에 기여할 수 있게 하기 위함이다.

직영매장과 임대매장이 병존하고 있어, 기존의 개인점포 점원들의 베테랑 상술과 교육의 내용을 상기하면서 이론과 실제의 괴리감이 난해했으나, 얼마 지나지 않아 교육받았던 이론의 실제화가 더욱 효과적임을 알게 되었다.

당시 시장은 물론, 상점이나 백화점까지 강매행위가 빈번하나 얼마 되지 않아 5단계 판매기법이 훨씬 효과적임은, 우리나라 국민의 지적수준이 평균이상으로 내재되어 있어 조속히 자리 매김 됐다.

사회에 대한 전문적인 의식을 고취시킨 것이 주효했다.

처음 시도된 직영화로, 매사 정착되지 않은 점을 감안해도 내외적으로 계속적인 발빠른 변화발전의 시도는, 경영진의 철저한 경영철학이 소리 없이 투입됨을 느낄 수 있었다.

당시 우리나라보다 경제수준이 전반적으로 20년을 앞서고 있는 이웃나라 일본을 이웃집 드나들 듯, 수시로 간부들의 출장을 병행해 습득한 것은, 우리 사정에 맞게 즉각 투입하고 시도해서 운영의 묘를 살리니, 백화점 구석구석이 하루가 다르게 변모됐다.

이해하기 힘든 시도는 상품의 보존과 남의 손을 타기 쉬워, 쇼 윈도우 안에나 위에 쌓아 진열해 놓았던 것을, 걸이 진열대를 이용해 완전 노출진열을 시도하니, 처음에는 모두들 쉽게 받아들이지 못했다.

회사발전의 핵심이자 민감한 부분인 입금방법도 다각도로 변화시킨다든지, 적재적소의 효과를 얻기 위해 영업 부서를 바꿔가면서 근무케 한다든지, 입사할 때 받았던 교육처럼 연수를 수시로 더 받게 해서 사원 전체의 자질을 높인다든지, 월급도 단계적으로 올려주어 자격에 넘치는 대우에 만족케 한다든지, 양질의 점심을 제공한다든지, 당시 우리나라 회사들의 경영수준은 대체적으로 사내복지까지 배려할 단계는 아닌데, 근무중 시간을 정해 돌아가며 꾸며진 휴게실에서 편히 휴식을 취하게 한다든지….

중간에 진통을 겪기는 했다. 개혁에는 항상 저항이 따르듯이 기존에 입점하고 있던 개인들 점포를 나가게 하는 것으로, 절차에 대항하기가 경매에 넘어간 집에서 사는 사람이 집달리에게 하는 것처럼 사투를 벌렸다. 쇼 케이스를 회사에서는 치우고, 개인들은 다시 빼앗아오기를 되풀이하는 과정 중에 유리가 깨져 다리를 크게 찢겨 피범벅이 되는 등 난투극을 방불케 했으나, 구석자리로 옮겨다니다 결국 다 나가게됐다. 주인이 자기 자리에서 장사를 한다는데 어찌하겠는가.

특별코너 외에는 거의 전체를 경영하게 되면서 각 부서의 변화는 눈부실 정도였다. 2,3년 사이에 거의 현재의 백화점처럼 만들었으니.

지금은 독자적인 운영을 하나 그 때는 모 재벌회사의 자회사로 필요하면 회사간 부가가치를 낳는 호환성의 일면으로, 적재적소에 적임자를 즉각 투입해서 유를 창출케 하니, 눈부신 변화가 일어나고 발전함은 당연지사다.

그 때까지 어느 백화점에서든 본 적이 없는 상황을 만들어내니, 백화점을 잘 가지 않았던 촌 여자나 다름없는 내게, 풍부한 볼거리를 제공했다. 주로 2층에 근무했었기에 2층 변화에 대해 더 잘 알게 되었다.

그 중 가장 인상깊었던 것은, 요즘은 유명메이커들이 입점해서 고급브랜드부터 중저가 기성복이 거의 차지하나 당시는 맞춤복 위주의 시대였다. 유명 디자이너를 영입해서 한쪽 코너에 넓고 근사한 오픈 매장을 설치했는데, 넓은 바닥 전체에 고급양탄자를 깔고 그 코너에만 특색 있는 최고급 실내장식으로 으리번쩍한 것도 그렇지만, 명사들과 연예인, 외국인, 부유한 사람들의 행세와 가끔 벌리는 fashion show로 유명한 모델들과 멋진 옷을 실컷 구경했다.

그들이나 고객이 모여 담소하는 장소로 그 옆에 신설한, 매장 내 카페도 인상적이었다. 현재 백화점의 살롱시조나 카페의 선도적 역할을 톡톡히 했다.

그 뿐 아니라, 백화점 겉면에도 계절마다 변화하는 분위기로 디스플레이하기 위한 대형 쇼 윈도우 설치, 실내 벽면에도 면면이 기발한 상품을 응용한 꾸미기, 구석까지에도 최선을 다하는 인테리어….

나 또한 '최선의 장'에 동참할 수밖에. 쉬는 날에도 자진해서 구색파악이나 재고정리에 참석했다.

근무기한이 3년쯤 지나니 고참사원이 되면서 상품을 매입하는 임원과 협력해, 고객을 만족시키는 상품구색과 질적 수준을 높이기 위해 납품업자와도 만나는 관계가 형성됐다. 그들과 관계되는 남자사원들이 주요업무보다 커미션에 더 신경을 쓰면서 제대로 된, 품질수준과 가격이 업자들의 물건과는 별개로 놀고있음을 알고 아연실색.

이 일에 대한 회의가 세상에 대한 전반적인 회의로 발전되어 심각해진데다, 동생이 마침 여상을 졸업하고 취업한 상태라 미련 없이 사표를 던졌다.

수소문해서 알게된 경기도에 있는 고등공민학교를 향해, 어렸을 때부터 몽매에도 못 잊을 선생님이 되고싶어, 시외버스에 꿈을 실었다.

농촌 학교에서

사람들끼리 이리저리 치이는 도시의 생리에서 탈피하고 간절히 소망했던, 무자격 무보수의 선생일망정 보람되다 싶어 찾아간 곳은 서울에서 멀지 않은, 65km 떨어진 경기도에 소재 한, 200여 호가 있는 전형적인 농촌이다.

시골에 일가친척이 전혀 없는 순 서울태생으로, 시골에 가서 살아본 적이 없고 집을 떠난 적도 없던 나. 책이 반은 차지한 커다란 바퀴 없는 여행용트렁크를 끙끙대며 들고 미지로 향했다.

버스에서 내려다본 목적지의 풍경은 전형적인 농촌으로 특유의 포근한 감이 드나, 한편으론 모든 것이 낯설어 생소하겠지 하면서도 가슴 뿌듯이 새 천지에 기대를 걸었다.

근무할 학교는 가정형편이 여의치 않고 통학거리가 너무

멀어, 초등학교를 졸업하고 중학교에 가지 못하는 아이들이 약간의 운영비조의 등록금을 내고 다니는, 비정규 중학교과정인 고등공민학교이다.

소꿉장난시절부터 제일 좋아하던 학교놀이 중, 제일 하고 싶은 역할인 선생님을 하게되어 기쁜 마음이 앞섰지만, 준비 없이 학생들 앞에 서는 게 두려워 '잘 가르쳐야 할텐데'하는 경각심이 더 컸다.

마을은 동서로 난 도로를 가운데 두고 양쪽으로 200여호 집들이 있고, 오른쪽 집들 뒤에 있는 개울둑도 가운데 길과 같이 평행하듯 동서로 이루어졌다. 그 옆으로 시냇물이 흐르고, 그 옆에 널따란 들판이 펼쳐졌고, 그 다음 옆으로 용 모양의 산이 병풍처럼 둘러져 있다.

집, 길, 둑, 시냇물, 산 모두 동서로 나란해, 마을 전체가 산수와 어우러져 아름답고 안정된 분위기다. 한 폭의 그림처럼.

학교는 마을 오른쪽 초입에 위치했다. 적당한 크기로 반듯한 모양의 운동장과 남향인 단층의 건물은 아담하고 단정하며 운동장 남쪽에 붙은 4개의 이랑의 텃밭은 학생들의 실습장이다.

1, 2, 3학년 한 반씩으로 각 반 30여명이다. 교장이하 교무주임인 그의 동생을 위시해 5명의 교사가 있다. 모두 교사자격증은 없으나 학창시절에 좋아하고 실력이 있던 과

목 중, 둘이나 셋을 상호보완하며 잘 선택해서 아이들을 위해 최선을 다 해 가르쳤다.

교장동생인 교무주임의 관리하에 알음으로나 사정이 있어 온, 친구 둘이 있고 나와 동갑인 여자 한 명으로 나이는 20대 중반으로 비슷한 또래집단이다. 한창 일 할 젊은이들의 모임으로 삶의 형태는 교사 모두에게 숙식만을 제공하는 무보수봉사다. 농가 방 적당한 곳에 1,2명씩 거주하며 식사는 한 집을 정해서 했다. 나는 학교식구들과 좀 떨어진 조용한 곳을 원했다.

한간 방에 트렁크를 받침 삼아 책상처럼 꾸며, 위에 책을 가지런히 올려놓고 독서나 쓰기도 하며, 본격적으로 그 곳 생활을 시작했다.

환경에 의해 형성된 특성 중에 어느 것을 하든지, 하게 된다든지 간에 해야만 된다면, 성에 찰 때까지 끝장을 봐야하므로 이번에도 예외는 아니다. 그렇지 않아도 어렵사리 다닌 고교실력으로 가르친다면, 부족한 학력의 보완을 철저히 해서 실력의 가치를 백분 발휘해야 한다.

난 좋아하는 국어를 위주로 도덕, 수학, 영어, 물상, 심지어 전교 남학생만을 남자선생님께서 실습하는 동안, 전교 여학생에게 가정까지 가르쳤다.

동네 가운데 있는 유일한 교회에 나가면서, 주민의 반은 교회에 다니는 것을 알았다. 그들 정신적인 생활수준의 향상을 위한 중심은, 주역의 일익을 담당하는 중요한 터전인 그 교회였다. 신앙의 장으로만 알았던 교회의 역할에 다양함을 피부로 느끼며 고마운 곳임을 알게 되었다.

계절이 바뀌면서 학교에서는 동네아이들과 교회에서는 동네어른들과 생활하면서, 24시간 한 동네에서 같이 지내므로 그 동네사람이 되어갔다. 농촌생활에 푹 빠져 자연과 함께 자연을 의지하는 그 들의 순박한 마음을 닮아가면서, 모두에게 향한 사랑의 마음이 가득 차며 모두와 어우러진 생활에 기쁨마저 인다.

집안이 좀 어렵다는 것 외에는 아이들에 대한 사랑과 교육에 대한 관심이 많은 가가호호의 가족과 가정사정을 접하면서, 더욱 그 들 모두를 사랑하게 되었다.

그럴 수밖에. 이제까지 도시에서만 복작거리고 살았던 내 한편에 남겨 둔, 마음의 화폭은 백지였을 테니까.

적응 한 후, 심신의 평안까지 느끼게 되면서, 20대 중반의 나를 진지하게 돌아보게 되었다. 스무 살이 넘으면서 무엇 하나 내 세울 것이 없는 집안이라는 생각이 들면서, 너무도 힘들게 산 지금까지인 제1의 인생을 제2의 인생인, 결혼으로까지는 절대로 연장시킬 수 없으므로 결혼에 대해 각별히 생각하게 되었다.

혼자만의 호젓한 시간과 작은 마을 안에서 만의 생활로, 교회를 열심히 다니게 되어 더욱 신앙의 깊이를 더하게 되었다. 중요하게 생각하는 결혼에 대해 간절한 기도를 연일 하는 중, 성령이 임하는 은혜까지 받는다. 그 때부터 어렴풋이 믿음이 가는 기대의 생각이 자리잡는다. 좋은 상대를 만나게 해주실 거라고.

우리들 선생님 모두, 정상학교에 가지 못하는 아이들을 위한 궁극적인 목표는, 중학교 졸업과 고등학교 입학을 동시에 부여하는 자격증인 검정고시에 합격시키는 일로, 매일 전력투구다. 일일이 긁어서 글씨를 쓴 유지를 등사판에 대고 인쇄한 시험지로, 매일같이 방과후에 특별시험을 보면서 실력을 향상시키고, 시험직전에는 간이 기숙사를 만들어 지금의 독서실처럼 24시간 공부할 수 있는 방까지 만들어주면서 같이 공부하니, 그 열의가 대단했다.

우리 학교 등사기는 많은 양의 인쇄를 할 때 어려움이 있어, 길을 사이에 두고 마주하는 초등학교에 가서 인쇄하는 신세를 졌다.

3학년 회장과 운동장을 거쳐 등사실 쪽으로 가면서, 모자를 쓰고 체육수업을 하는 여자선생님이 아는 사람인 듯해 유심히 보았다. 며칠 후 확인해보니, 여고동기생이었다.

"어떻게 해서 선생님이 되었니. 너도 나처럼 사정이 어려워 대학에 못간 걸로 아는데."

"으응, 나 교대부설양성소 나왔어."

"어머, 그런 게 있니. 거기 어떻게 들어가는데. 나도 들어가고 싶다."

귀가 번쩍 뜨였다. '정식교사라면 얼마나 좋을까'가 항상 염원이었기에.

"나도 너처럼 꼭 정식교사가 됐음 좋겠다. 방법을 알려주면 고맙겠다."

"모집공고가 신문에 나오니 항상 주의 깊게 살펴보렴."

신문을 매일 잘 챙겨 보았더니, 오래지 않아 공고가 나왔다. 고졸이상으로 몇 과목의 시험과 면접이 있는데 2개월 남짓 여유가 있었다.

백화점에 들어 갈 때와 똑같은 각오로 임하기로 하고 마침 학년이 끝나는 때로 정든 마을, 학교, 아이들, 교인, 동네어른과 마음 아픈 이별을 고하기로 작정했다.

지금도 마음 아픈 것은, 시에 나가서 다음 학년의 헌 교과서 구입 책임을 완수하지 못한 것이다. 아이들에게 어렵사리 추렴한 돈을, 급한 일이 있어 학교가 먼저 유용했다는 말을 듣고 더욱 더.

10리 밖 멀리 사는 아이가 아파서 결석하면, 병 문안하러 가는 길.

아이들 여럿과 노래를 부르면서 길 따라 꽃향기, 풀내음, 새소리에 취한다.

꽃을 따서 머리에 꽂고 가는 길에, 높게 달린 오디를 어렵사리 따먹으면서 누구 혀가 제일 까만가 내기하기.

잠깐 쉬고있는 소 엉덩짝에 붙은 파리를 쫓아주면서 깔깔거리며 도착한다.

걔네 집의 어머니, 너무도 반가워 대접한 밭의 딸기, 씻지 않아도 맛있게 냠냠.

검정고시준비로 노랗게 뜬 얼굴들을 마음에 새기며, 꼭 합격하길 두 손 모아 빈다.

눈물 따라 찻길 따라, 꽁지꽁지 싸주신 조그만 봉지 안에 웬 고구마가 그리도 많이 들었는지.

그래 생각난다. 학교텃밭에 아이들이 심어서 수확을 거둔 고구마를 뒷마당에 큰솥 걸어놓고 쪄서 100여명 모두 함께 먹은, 유난히 맛이 있던.

동네 따라 길게 흐르는 작지 않은 시냇물에서 빨래하고 무수히 자라고 있는 물풀을 청포 삼아 머리감기.

더울 때는 옷 입은 채, 교사와 아이들 할 것 없이 물세례 주면서 물장난에 재미 들려, 몇 시간 놀고 나오면서 옷이 물에 젖어 몸에 흉하게 달라붙은 모습보고 깔깔.

이대로 동네를 지나가면 흉잡히니 말리고 가자고, 들판에 대자로 누워 말리던 일.

전부 영원히 잊지 못하리.

마음의 순수성의 회복만큼이나 화장독이 들었던 얼굴이 화장기 없이도 보기 좋은 순수한 건강미를 얻었다.

농촌생활의 추억을 듬뿍 안고 떠난다. 타향살이 처음인 그 곳에서 신앙심도 깊어졌다.

어디서나 삶의 집합은 크기와 색깔이 달라도 비슷한 일이 반복되며 살고 있다는 것을 배웠다.

누구나 어디서나 도토리 키 재기 인생인 것을 배웠다.

처음이자 마지막인 그 때의 시골생활이 못내 그리워 25년이나 훌쩍 지나 찾아갔다. 길눈과 기억력이 꼴찌에서 둘째가라면 서러운 입장으로, 겨우 동네를 찾긴 했으나 너무 변한 모습이 누구네 집이었는지 전혀 알 길이 없어, 아직 남아있는 교회를 중심으로 몇 집 알아보았으나 아무도 찾지 못했다. 관공서로 변모된 학교만이 말없이 서 있을 뿐.

10년이면 강산이 변한다고 하지만 두 바퀴 반이나 더 지나서 일까.

이리도 많이 변할 줄이야.

그 때가 그립다.
돌아가고 파.
만나고 파.
바람에 흩날릴 때마다
순백의 웨딩드레스를 입은
순결한 신부에게

듬뿍 뿌려주고 싶던
살구꽃 하얀 잎을 맞으며
영원한 이별의식을 갖는다.
눈물로
앞의 멋진 정경을
뿌옇게 흰- 실루엣으로 망가뜨리면서.
잘 있어. 안녕~.

코 스 모 스

코스모스를 보면 언제나 그이 생각, 저린 가슴 달래본다. '연아, 하늘하늘한 코스모스는 어쩜 너를 꼭 닮았지'하며 속 깊은 눈을 담아, 코스모스를 건네주던 그.

우리가 대학을 입학할 즈음, 만날 때부터 서로 한눈에 들어 한마음이 되었다.

흔한 CC는 아니었다. 난 여대이고 그는 그의 대학 옆에 있던, 우리 집에 세든 학생이었으므로.

딸 부잣집 맏딸이라 그런지, 난 다른 자매보다 살림살이 돕는 걸 좋아했다. 특히 요리를 잘해 시간만 나면 주방에 있기를 좋아하고 먹기보다 맛있게 먹는 걸 보기를 즐거워하니, 자연히 그에게 대접할 기회가 많았고 더욱 친해졌다.

새내기인 우린 한결같이 서로의 공부도 돕고 새로운 문화에 접하기 위해 여기저기 돌아다니기도 많이 했다. 아들이 많은 장남과 딸이 많은 장녀는 특유의 없는 부분 봐주기로 서로 지극해, 보는 이들도 흐뭇해했다.

보고싶다. 보고싶어. 보고싶은 맘 달랠 길 없어, 코스모스 길을 대신해 책갈피 꽃잎에 마음을 담아, 연이 네게 띄운다.

나도 그리운 맘 달랠 길 없어, 오늘도 한없이 코스모스 길을 찾아 떠난다. 그이의 흔적을 찾아서. 그이와 함께 하는 모두를 느끼고 싶어.

현해탄을 건너 멀리 떠나 가버린 그. 그의 아내가 귀여운 아들을 낳았다고 한다. 그와 똑같이 닮았을 아들을.

코스모스 바람결에 내 마음을 띄운다.

코스모스에 아기가 들어있네.

바람에 방긋방긋 웃는 얼굴
너무 귀여운 아기
아기 내음 내 옆에 있네

바람에 화들짝 까르르 웃는 소리
너무도 귀여운 아기
바람 물결 타고 귓가에 맴도네

바람에 하늘하늘 걷는 모습
너무나 귀여운 아기
고사리 손 활짝 펴 내게로 오네

코스모스에 아기가 들어있네

티끌의 무게로도 부담이 되어 떠났다해도
탓하지 않겠어요.
같이한 시간들이 너무 소중하니까요.
떠나신 걸 안 후에 울지 않았어요.
사흘 낮 밤
꼼짝하지 않고 있었을 따름이지요.
구석방으로 자리 옮겨
사흘 낮 밤
당신모습이 담긴 사진 그대로 그리려고
무척이나 애썼지요.
훌훌 털고 일어나 초상화 부치러 갔지요.

우표딱지 정성껏 붙여
벙어리 편지, 당신의 길로 보냈지요.
'사뿐히 즈려 밟고 가시옵소서'

며칠 앓아 누운 후 자리 털고 간 저녁미사 길, 그 사이 봄기운이 완연한 훈풍이 온몸을 감싸안는 듯하며, 오롯이 주님께서 인도하시는 길을 온몸과 맘으로 느낍니다.
'주님의 성전으로 가는 이 길을 주시니 감사합니다.'
'주님을 만나는 이 귀한 시간과 좋은 말씀을 주시니 감사합니다.'
'사람일에 너무 일희일비하지 않고 지리멸렬한 일과 좀 떨어져 살아가게 하소서.'

간절한 기도는 머리로만 했었나.

집으로 향하는 먼 뚝 위, 파란하늘에 걸려있는 전신주 옆에 그가 서있는 듯해, 그 곳만을 응시하며 지척지척 걷는다.
가슴에 매단 그를 떨치지 못하고.

기분이 젖어들며 미련을 떨치지 못하는 마음이 되어
내 마음 그대로 그린 '미련'을 읊조리면서.

내 마음이 가는 그 곳에 너무나도 그리운 사람
갈 수 없는 먼 곳이기에 그리움만 더하는 사람
코스모스 길을 따라서 끝이 없이 생각할 때에
보고 싶어 가고 싶어서 슬퍼지는 내 마음이여
미련 없이 잊으려 해도 너무나도 그리운 사람
가을 하늘 드높은 곳에 내 사연을 전해 볼까나
기약한 날 우리 없는데 지나간 날 그리워하네
먼 훗날에 돌아온다면 변함없이 다정하리라.

집으로 가는 길에 다투어 피는, 갖가지 꽃을 보면서 그 아름다움이 한시적임에 위기와 희망이 공존함을 깨닫는다.

꽃나무마다 피고, 지고, 준비하는 사이클이 계속되듯, 절망의 한 때를 넘자.

꽃처럼 짧게, 짧게 끊어 희망과 사랑을 심어 절망의 끝자락을 넘자. 스스로를 달래본다.

준교사 자격증과 과외 교사

백화점 응시 때와 똑같이, 독서실에서 한 달이 아닌 두 달간을 자리에 눕지 않고 이빨 앙 다문 채, 시간계획표에 차질이 없도록 매달린다. 독서실장이 사법고시 준비하느냐고 물으니, 남이 볼 때도 그 열기가 대단했나보다.

백화점 응시준비 때, 눕지 않은 한달 간의 신기록 1호를 갱신한 덕분에 교대부설양성소 5대1의 관문을 뚫었다.

그 때부터 길지는 않지만 6개월의 각고가 대단했다. 살고있는 서울 안, 반대편 외곽인 경기도에 있는 교대를 가려면, 새벽부터 나가 버스와 기차에 치이며 통학하는 길이 고됐다.

경기가 좋아지면서 이직이 많아져 교사 부족의 대안으로 생긴, 교사양성소에서는 초등학교에서 다루는 학과를 전반적으로, 전문인 수준에 기준을 두고 짧은 기간동안 다 마스터해야 하니, 알짜 연수이긴 하다.

짧은 기간이라도 정규교육대학의 학과목을 전부 마치도록 꽉 짜여진, 학과계획표에 의한 수업은 방과후에 남거나 공휴일에도 자율적인 보충학습으로, 너나 할 것 없이 열기가 대단했다.

타고나길 예능 쪽에는 별로 인지라, 재주가 조금 있어도 덜 어려울 텐데. 학창시절 사정이 여의치 않아 예체능 어느 것도 닦아놓은 것이 없어 더욱 힘들었다.

미술의 회화, 구상이나 디자인, 점토나 조각 어느 것 하나 쉽지 않아, 밤샘을 해서 내도 겨우 최하위 학점만을 면했다. 음악의 오르간연주, 작곡도 마찬가지로 악보 없이 외워서 치거나 음을 듣기만 해도 척척 알아맞히거나, 무용학습도 어려운 동작을 이어서 잘 하는 이들이 기이해 보이니, 능력의 차이가 다름을 통감했다.

어쨌거나 최선을 다할 수밖에.

마지막 단계인 교생실습도 열심히, 모든 지략을 동원해 '아이들 앞에 서야할 교사가 대충하면 안되지'하며 이를 악물고 다녀 무사히 준교사자격증을 받고 수료했다.

그러나 당시 국가경제의 하향으로 교사 자리가 나지 않아 발령이 무산되고, 내가 다닌 학기를 끝으로 교대부설양성소 제도는 없어졌다.

팔자에 선생님은 아닌가보다 하며 낙심천만이었다.

집에서 놀 수 있는 형편이 아니라 고등공민학교에서 여러 과목을 가르쳤던 경험을 발판으로, 고등학교입시에 대비하는 수험생을 상대로 중학교 남학생 2학년 예닐곱 명을 필두로 그룹과외지도를 시작했다.

시작의 연유는 시골에서 신앙심이 더 돈독해져 집으로 돌아온 후, 동네교회에서 청년부, 성가대, 초등부 반사의 활동을 활발히 하면서다. 전도사님께서 우리 집으로 심방을 자주 오게 되면서 어려운 사정을 알고, 내 의도를 받아들여 손자와 같은 학교친구들을 소개해서 시작된 것이, 여학생 3학년 두 팀이 더 늘어 모두 세 팀이 되었다.

살림을 도맡아 하면서 시간을 안배해서 3팀 모두 매일 수업을 하고, 원하는 고등학교에 입학하는 것을 목표로 '나를 믿고 배우는 학생들을 위해 최선을 다 해야지'하며 돌입했다.

인간을 상대로 하는 일 중, 중요하다고 사료되는 일은 대충 함이 안 되는 성격으로 스스로 강행군이 되어 밀어 부쳤다.

다행히 세를 들어 사는 집은, 사정이 조금씩 나아지면서 여러 번 옮겨다닌 결과, 그리 좁지 않은 마루가 딸린 별채였다. 마루 가운데를 커튼으로 세로로 막고, 방문과 반대편 인 곳을 교실로 정해서 벽에 소 칠판 세 개를 나란히 거니, 그럴듯한 간이교실이 되었다.

고등학교 입학에 중심을 두고 그 목표를 향해 부단한 계획을 세웠다. 우선 고교입시와 같은 맥락을 잡고, 아이들에게 원하는 고교와 똑같은 수준의 점수를 받는 전제하에 시간표를 짰다.

당일 배운 내용을 시험범위로 잡아 공부를 하고, 다음날에는 지도 전에 전날 배운 학과범위 내에서 시험문제를 출제한 것으로, 입학시험과 똑같이 재현하며 엄격한 감독 하에 실시했다.

각자 목표로 정한 학교의 점수를 기준으로 더 틀린 문제수만큼 회초리로 손바닥을 저 한 대, 나 한 대씩을 번갈아가며 때리는 벌칙을 정해, 하루도 빠짐없이 실행했다.

처음엔 놀라고 적응을 못해 쩔쩔 매더니 쉼 없이 계속하는, 이빨도 안 들어 갈 것 같은 교사의 옹골찬 모습을 보고는 '어이쿠, 안되겠다'싶은지 한계 점수에 걸리지 않으려고 시험준비에 전력투구, 각자 손바닥 맞는 횟수가 줄어들며 성적이 날로 향상되었다.

시험 보는 방법은 성공했으나 더 중요한 것은 정선된 시험문제 출제로, 각자 여유로 갖고있는 문제집을 모으고 필요한 것은 사서 보충해, 몇 년간 명문학교의 기 출제문제 중에서 고루 뽑아 출제했다.

넉넉지 않은 주머니 사정으로 출판과 등사판 등의 인쇄

도구 일체를 남대문시장에서 중고를 구입해, 시험지를 만들어 실시했다. 매일 세 팀의 수업강행과 한밤중까지 내일 볼 시험문제를 긁어놓았다. 다음날 새벽부터 첫 팀이 오기까지 가족들 의식주의 모든 것을 담당하는 살림과 준비 및 수업으로, 수면이나 휴식 모두 모자랐으나 쉼 없이 진행했다.

주일에는 교회활동 외에 3학년 두 팀을 인근 중학교운동장에 모이게 해서 체력장시험에 대비케 했다. 최선을 다한 결과로, 그 들 모두 원하는 고등학교에 합격하는 영광을 안겨주어 보람이 컸다. 결과가 좋아서 난, 입 소문으로 매해 과외 팀으로 문전성시를 이뤘다.

스스로의 고행 길을 만든 결과로, 하루가 다르게 빠지는 체중은 이제까지 중에 그 때가 가장 가벼웠을 정도니, 보는 이마다 거의 피골이 상접됐다고들 했다. 건강체질이 아닌데도 별탈 없이 잘 견딘 것은, 젊음에다 맺힌 마음 때문이리라.

그 때의 내 심정은 나날이 참담함 그 자체였다. 아이들 손을 거쳐서 받는 과외비는 들쭉날쭉, 아이들을 채근하기에는 애로가 컸다.

'아-, 정식 교사가 되어서 아이들과 결부된 돈에 구애받지 않고, 순수한 가르침의 보람과 떳떳한 보수를 받는다면 얼마나 좋을까.'

점차 오후에 첫 팀이 올 시간이 다가오는 것에 부담을 느끼게 되더니, 나중에는 왜 그리도 싫어지는지. 가정형편도 형편이지만 책임질 일을 맡은 이상 최선을 다해야 하지만 신이 나지 않고 '울며 겨자 먹기'식이 되니, 불행한 일이다.

어렵사리 취득한 자격증은 끝내 그대로 썩는 걸까.

4. 오뚝이

축하한다.
이제부터 스스로에게
자수성가의 타이틀을 달아줄게.
자칫 고등학교도 못 나왔을 네가
대학이나 대학원을 나온 그룹과 같이
귀한 사람을 사람다운 사람으로 만들기인
세상에서 가장 가치 있는 일을 위해
교육현장에서 정진할 것이니
자축할 만도 하다.

결 혼

전도사님 당신 손자의 과외교사기도 하지만, 기댈 곳이 교회뿐이기에 열심히 다니니, 교회활동과 생활을 열심히 한다고, 기특하다며 따스한 손으로 손을 꼭 잡아주면서

"홍 선생은 너무 고생이 많아. 내가 꼭 좋은 짝을 만나게 해, 고생을 면하게 해줄 거야. 꼭."

어느 날 '예배시간에 손자 담임이 오니, 한 번 눈 여겨 보라'고한다. 아무 준비 없는 내 상황을 아시기는 한 건가. 성가대석에서 보긴 보았다. 벌받고 있는 듯이 잔뜩 웅크리고 밑에만 보고있는, 꾸어다놓은 보리자루 같은 그를. 선을 보이고 있다는 것을 모르는 그. 선을 보여서가 아니고 교회를 처음 왔기 때문인 걸 나중에 알았지만.

우리교회를 오게된 연유는 새로 부임한 학교가 기독교학

교로, 신자만이 재직할 수 있어 교회증명서를 제출하라고 해, 마침 2년간을 연임하게된 제자의 할머니께서 전도사임을 알고, 전갈 후 찾아와 목사님께 증명서를 만들었던 것이다.

"선생님의 부탁은 들어드리나 신자가 아닌 분께 드리니, 거짓 행함이 되지 않게 교회에 나오서야 합니다"해서 약속대로 한 달에 두 번 정도 주일을 지키러온 것이다.

그는 꽤나 나이 들어 보여, 거의 50대 아저씨 같아 맘에 들지 않았다. '어떠하냐'는 전도사님 물음에 쑥스러워 별 표현을 하지 않으니 긍정적으로 아셨는지, 내 마음과 상관없이 부지런히 추진해, 바로 다음주에 맞선자리를 마련했다는 것이다.

얼떨결에 맞선자리에 가보니, 나이 든 아저씨 모양새로 앉아있는 선생님의 형색은, 와이셔츠 깃 크기와 넥타이 폭이 유행과 반대되는 짝으로 맞추고 양복도 오래 돼 다림질로 반짝거리기까지 하는 차림이니, 촌사람중의 촌사람 모양새다.

후에 그렇게 말했다. "내 처지가 더 좋았거나, 더 어려서 세상물정을 덜 알았다면, 36계를 놓고도 남았으리라. 저렇게 촌스럽고 베트콩같이 생긴 사람하고는 결혼 못해"하고.

공부를 많이 했다는 소개와는 다르게, 기름기로 번질거리며 검게 그을린 큰 얼굴로 첫인상이 월남사람처럼 생겼다. 학식은커녕 무지해 보여, 당시 관상학 책을 즐겨보았던 나는 기이하다 생각하며 그런 맥락으로 유심히 관찰했다.

머리부터 어깨를 거쳐 내려오면서 눈을 붙잡은 건, 얼굴은 크고 중키에 약간 비대해 작지 않은 몸에 비해, 너무 작아 단지증환자처럼 보였던 손. 맞잡고 계속해서 비비고, 비틀고, 깍지꼈다 펴고 잠시도 가만히 두지 않는 손. 탁자로 가려져 보이지 않는다고 생각하는지, 점잖은 태도와는 전혀 다른 표현의 손이다.

'그렇다. 손에 학식이 들어있다. 학문과 연관된 직업은 손과 연유가 있겠구나. 그런데 저런 손동작은 아무래도 불안한 심리의 표현이다. 무얼 말할까. 지금 나와의 맞선에 대한 불안한 심정은 아마 성사여부의 초조감의 표현이다. 왜 초조할까. 내가 어느 정도 마음에 있다는 거겠다.'

후에 그가 말하길 "올해는 35세를 넘기지 않으려고 마음먹었고, 집안에서도 걱정이 많고 동생들이 줄줄이 인 것도 있지만, 그 때가 10월이니 마음이 급해지지 않을 수 있었겠나"와 "조식 걱정하는 불쌍한 나를 구제한 것은 순전히 바로 이틀 전에 선본 분 덕이니, 결혼이 깨진 그 상대에게 감사하라고." 그의 너스레 떠는 말에 응수한다. "보는 눈은 있어 가지고." 스스로 추킨다. 말 되는 것이 나이 차이가 많을 뿐더러, 그는 50대 같고 20대 중반이 막 지난 나는 나이보다 어려 보인다고들 했으니.

두 번을 만나는 동안 나는 깊은 고민에 빠졌다. 학생들 과외를 시작할 때, 교대 단기코스인 교대부설기관인 양성소 출신이라는 구체적인 사실보다 효과적인 선생의 이미지를 위해 선의(?)의 반 거짓말로 교대출신이라고 했기에, 그가 소개로 아는 내 학력은 본의 아니게 허위인 내용이었다.

'결혼을 하기 전에 밝혀야 해. 결혼하면 죽을 때까지 같이 살아야 하니까. 내 자신 속임수를 갖고 결혼할 순 없어. 다음에 만나면 자초지종을 말해야지.'

마음을 굳게다지고 그 다음 만날 때 사실을 밝혔다. 내 말을 듣고 변하는 그의 얼굴은 붉으락푸르락이 아니고 노르락푸르락이다.

'아무리 쇼킹한 말을 들었기로서니, 저렇게 얼굴 색이 변하면서 겉으로 나타낼 수 있단 말인가. 틀렸어. 남자가 저러면 속 좁은 사람이지'하고는 그리 큰 실망 없이 집으로 돌아왔다.

10일 이상 지나면서, 별 기대가 없던 만큼 점차 잊혀져 가는데, 가족들이 더 궁금한지 "왜 연락이 없지. 어떻게 생겼어." 신경 쓰는 가족들에게 "배 나오고 번질거리는 얼굴에 머리카락은 곱실거리는, 위장약인지 '판지놈' 선전에 나오는 아저씨처럼, 그저 그렇게 생겼어. 신경 쓰지마"하고는 마음을 접었다. 그 다음 그에 대해 말할 때에는 "판지

놈, 어쩌고 판지놈, 저쩌고 욕하는 것 같다"하며 "하하…, 호호…" "얼굴에 판지 쓴 놈?" "하하하…, 호호호…"

며칠 후 만나자는 연락이 왔다.

별 말없이 마주앉아서 시간을 보내는 것이었다. 아무리 둔해도 눈치 챌 수 있을 일이. 우리와 어느 정도 떨어진, 나와 마주 보이는 자리에 앉은 사람이 차를 마시거나 누구와 만나지도 않으면서 계속 주시하며 있다가 나가는 것이었다. '아, 많이 차이나는 학력은 그렇다 치고, 사람을 살펴보게 하는구나.' 기분이 썩 좋은 것은 아니나 상대에게 덜 미치니, 참아 낼 수밖에. 최대 사 앞이니.

나중에 그랬다. "키가 조그맣고 땅땅하며 안경 끼고 숱이 적은 머리카락이 동그란 얼굴에 딱 붙어, 도토리같이 생긴 사람이 몰래 선봤지요"했더니, 한 술 더 뜨는 말이라니 "도토리씨가 어찌 어찌해서 홍 여사 여고생활기록부 내용을 알아봤어."

상대의 조건이 썩 성에 안차, 교사로 재직하는 그로서는 그럴 수 있다. 학교생활이 어떠했나를 알면 어느 정도 상대를 알 수 있을 터이니.

그가 청혼을 했다.

찬밥 더운밥 가릴 처지가 아닌, 내 입장은 사랑의 감정은 타령일 수밖에 없었고 사람이 어떠하냐가 중요하다는 생각으로 어떤 사람인지 나름대로 알아보았다. 연로하고 인간사 관록이 붙은 전도사님의 추천이니 오십 보는 감안하더라도.

우선 그가 담임으로 있는 전도사님 손자에게

"네 선생님 무섭니. 어떠신 분이시니." 물으니 "엄격하시기는 한대 좋으셔요"한다. 그 정도로 그치고 며칠 후에

"애야, 너희 반 아이들 중, 친한 아이들 몇을 우리동네에 놀러 오라고 해. 내가 빵 사줄게"해서

담임인 그가 '좋으시다. 엄하시다. 손바닥을 때리시긴 하는데 간지럽다. 누구에게나 공평하시다. 많이 아신다. 잘 웃지를 않으신다.' 빵집에 둘러앉아, 난 구슬리며 이런저런 이야기하며 자연스럽게 물었고, 그들은 낄낄거리고 장난치며 툭툭 던지듯이 대답했다.

한달 후 약혼하고 또 한달 후에 결혼했다. 전 세대인 부모님 결혼처럼 그렇게 빠르게 진행된 결혼은 아쉬움을 남겼다. 언제나 문학소녀의 꿈을 버리지 않는 내게, 풍성한 감성을 선사할 사랑의 실종으로.

제2의 인생인 결혼도, 상대성원리가 적용돼 제2의 성격이 형성된다. 신혼여행 시, 그가 좋아하는, 은연중에 유도되는 방향으로, 내 성격의 변화가 예고되었다.

첫날은 온천장에 들러보내고, 다음날 유명사찰로 택시를 이용해 가는 도중에, 운전기사가 쉬는 시간을 주면서 사진을 찍고 올라가자고 하면서 사진을 찍어주다, 우리에게 서로 찍으라며 택시로 돌아가는 것이었다.

다시 타고 가는데 아무래도 요금 표가 내릴 때와 천 원이 차이 져 있었다. 당시 월급으로 이 만원을 받는 이들이 많았다. '먼저 타더니 조작했구나.' 좀 세련돼 보이지 않고 서먹해 보이는 쌍으로, 모르거나 알아도 묵과할 것이라고 생각하는, 무시하는 소치가 분명하다고 생각하며 타고 가는 내내 '어떻게 할까'를 놓고 고심했다.

수고비로 주는 것하고는 내용이 사뭇 다르다. 물론 기분도 많이 상했다. 옆에 있는 그는 전혀 모르고 있었다. 호텔에 도착해서 차비는 내가 낼 테니, 짐을 갖고 먼저 내리라고 하고는 기사에게 "돈이 큰짐 속에 있어서 꺼내야하니, 잠깐 기다리세요"라 하고 프론트에 가서 항의했다.

"온천과 이 곳은 연계되어 항상 우리 같은 사람이 많이 올진대, 요금 표를 조작해서 허니문기분을 상하게 함을 이곳도 알고 있나요. 청컨대, 알고는 다 내지 못하겠으니, 처리 좀 해주세요"하며 나온 금액에서 천 원을 빼고 직원에게 주었다.

뒤돌아 서는데, 그가 서 있었다. 그 표정, 뇌리에 각인 돼 영원히 지워지지 않는 '참 잘했어'하는 듯한 그의 만족해하는 표정. 그 때부터 난 그를 대신해, 그의 앞에서 세파를 헤치는 선장이 되어 살아가면서 보다 거칠어졌다.

후에 알았다. 억척으로 사는 생활력 있는 모습이 결혼상대로 정할 때에 크게 작용했음을. 그의 피동적이고 내성적인 성격의 반대급부의 효과도 있었다.

어떤 결혼이든 상대에 따라 서로 영향을 미칠진대, 서로 과한 점은 보듬고 덜한 점은 받쳐주면서, 하나에서 둘이기에 알파를 낳는(+ α) 인생이 점철되면 더욱 빛나리라.

모나리자의 미소

이름 모르는 그녀.

한 30여 년 전, 처음 그녀를 보았을 때 난, 아! 하며 한참이나 그녀에게 빨려들 듯 응시하고 있었다.

그 후 살아가면서 그토록 자석에 끌리 듯이 시선을 끌었던 사람은 없었다.

막 명문여대를 나와 처음 입사했고, 학과 queen이었다는 것 외에는 아는 것이 없고, 같은 시절에 커다란 건물 안 같은 곳에서 근무했었다는 것 외에는 전혀 관련이 없다. 그녀가 나보다 늦게 입사하고 내가 먼저 퇴사해, 한 2년간 같이 근무하는 동안 한번도 그녀와 이야기를 나눈 적이 없다. 난 그녀를 볼 때마다 아무나 범접치 못할 것 같은 분위기를 호기심 어린눈으로 보았는데, 그녀는 내 존재조차 의식할 수 없을 터이다. 그도 그럴 것이 난 어떤 부서에 고정 멤버로 일했고 그녀는 영양사로 근무했으므로. 보통 그녀를 만나는 곳은 식당이나 총무부로 가는 층계에서인데, 층계를 오르는 그녀 뒤를 따라 오를 때는 움직이는 자태 전체가 모자라지도 과하지도 않은, 음전한 뒷모습을 감상하며 뒤따른다. 항상 흰 위생복을 입었을 뿐인데도 찰랑거리며 윤기 나는 긴 생 머리에, 화장기 없는 해맑은 하얀 얼굴과 아름다운 목선을 지닌, 신선한 그녀의 모습은 언제나 신비의 아름다움 그 자체였다.

한 3년쯤 지나 결혼을 앞두고 있던 내게, 같이 근무했던 친구로부터 그녀의 비보를 들었다. 같은 건물에서 근무했으나 소속이 전혀 달라 관련이 전혀 없던 직원의 짝사랑이 심했던 듯, 결혼해서 아이까지 낳고 행복하게 살고있는 그녀를 느닷없이 찾아가 칼로 여러 군데를 찔러 죽였다는 내용으로, 한참이나 말을 잇지 못하게 했으니….

미인박명이라 했던가. 순백의 백합과 같은 그녀의 여러 모습이 오버랩 되면서 너무도 아깝고 안타까운 마음이 되어, 진정으로 그녀의 영혼을 위해 빌어주었다.

가까운 친척이 유명을 달리해도 당시에만 마음에 남았다가 시간이 흐르면 그이에 대한 기억이 희미해지는 경우가 대부분인데, 살아가는 내내 관련이 없는 데도 유독 기억에 남는 경우가 있으니, 그녀의 경우가 그러하다.

신혼초로 여러 가지 생활 변화와 입덧까지 한, 나는 몸과 마음 모두 여유가 없을진대, 결혼선물로 받아 안방 문 위에 걸어놓은 그림 '모나리자의 미소'를 보고 문득 그녀의 생각이 나면서 '맞아, 그녀의 미소는 모나리자의 미소를 닮았어'하며 언제나 그녀의 생각이 나면 모나리자의 미소가 떠오르고 '모나리자의 미소'를 만나면 그녀의 생각이 나면서 애틋함과 서러움이 함께 한, 묘한 감정에 싸이곤 한다.

· 다이얼로그 I

·

"야."

"왜."

"저 아이가 누구니?"

"우리 반 부 반장이야. 무지 이쁘지."

"얌마, 너하고 뭐 상관이라도 있냐, 네가 재게."

"그럼 너네 반 애들 중에 저만큼 이쁜 애 있음 대봐."

"근데, 이쁘기만 한 게 아냐. 잰 맘씨도 곱고 못하는 게 없다 뭐. 그림도 잘 그리지, 노래도 잘하지, 음- 피아노도 잘 쳐. 음-- 선생님 질문에 얼굴이 빨개지면서도 차근차근 대답도 잘해. 참 달리기도 잘한다. 어때 다 잘하지."

"얌마, 너 재 좋아하는 거 아냐."

"…………"

"뒤통수는 왜 긁어, 녀석."

"속으로는 우리 반 애들이 다 좋아할 걸."

·

· II

·

"얘야, 아빠가 계시는 학교에 입학원서 내자."

"남녀공학이라 싫어요."

"언제나 고분고분 말 잘 듣는 아이가 왜 그러니."

"남자들이랑 같이 지내는 게 불편해서 그래요."

"네가 그렇게 고집을 피우니 할 수 없구나."

"학과는 어떻게 됐니. 그 동안 많이 고민하는 것 같더니 정했니."

"글쎄요. 사범대하고 가정대를 생각하고 있어요. 아이들 앞에, 서는 건 아무래도 좀 자신이 없어 가정대에 넣어야 할까봐요."

인텔리 가정에서 무엇하나 모자람 없이 성장한 그녀는 그에 부응이라도 하듯, 예민한 시절인 사춘기에도 한번의 투정 없이 부모님께도 이웃어른 대하듯 깍듯한 예절로 일관해, 오히려 부모가 딸을 어려워할 지경이었다. 지극히 참하고 여성다운 성격이었는데….

· Ⅲ

·

'처음 보는 순간부터 좋아하게 됐어요. 오늘 시간을 내서 만났으면 합니다. 연락 기다리겠습니다.' 한번 접은 종이를 건네 받은 그녀는 서류로 알고 무심히 펴보았다. 어느 부서에 근무하는 누구라는 것까지 보곤, 누가 볼세라 얼른 책갈피 속에 넣었다. 그리곤 잊었다.

사회초년생 영양사로 백 수십 명의 건강을 위해 점심식사를 책임지고 있어, 균형 있는 식단을 짜고 실행하느라 전력을 다해 애쓰는 중이기도 했기에.

그녀는 갑자기 앞에 나타난 그 뿐만 아니라 이성 누구에게도 관심이 없다. 책임감이 남다른 그녀. 요즈음 머릿속엔 맡은 일로 꽉 차있어 그럴 여지가 없다.

"따르릉, 따르릉."

"네, 총무부 김 영양사입니다."

"여보세요, 접니다. 오늘은 시간을 꼭 좀 내주셨으면 합니다."

1층 식당에서 3층 사무실로 막 들어와 앉자마자 또 전화벨이 울렸다. 요즈음 번번이 동시적인, 그녀가 책상에 앉는 시각에 맞춰 전화가 온다. 그에게서. 그는 그녀의 일거수일투족을 주시하고 있는 듯하다. 점차 귀찮아지고, 싫어지고, 두려워지기까지 한다.

전혀 관심이 없어, 그때마다 정중히 거절로 일관한다.

"죄송합니다., 시간이 없습니다., 만나고 싶지 않습니다., 왜 만나야 하는지요., 바쁜데 자꾸 전화하시니까 근무에 지장이 있네요., 옆 분들께 신경이 쓰이니 전화하지 않았으면 좋겠습니다.,………."

급기야 결재 받을 때 외에는 될수록 사무실을 가지 않고 주방 옆에 딸린 식품저장실 귀퉁이, 협소한 자리에서 업무를 보게되었다.

"지금 퇴근하십니까. 잠깐 찻집에 가서 얘기 좀 나눌까요."

"다른 약속이 있어 빨리 가봐야 해요."

"딱 5분이면 되는데 잠깐 가십시다."

"아니에요. 아주 중요한 약속이 있어 가봐야 해요."

퇴근 시 여러 번의 집적거림으로 넌더리가 난, 그녀는 퇴근할 때마다 어느 시각에 어느 곳으로 빠져나가야 할지가 걱정이 되었다. 괜한 일로, 정말이지 성가신 일이 아닐 수 없다.

어느 날, 그녀가 퇴근하고 집에 거의 다 갈 무렵, 별안간 몇 남자들에 의해 끌려 강제적으로 승용차에 태워졌다.

순식간에 일어난 일이라 너무 놀라고 가슴이 두근거려 입이 떨어지질 않았다. 정신을 차리고 보니, 그가 운전석에 앉아 있었다.

언제나 다소곳하고 하루에 몇 마디 외에는 하지 않는 말수가 지극히 적은 내성적이고, 언제나 누구에게나 변함없이 예의범절이 깍듯한, 그녀에겐 너무나도 어처구니없는 일이었다.

"왜 이러 지요! 만나고 싶지 않다고 말씀드렸잖아요!"

"그렇게 만나기를 간청했는데, 언제나 묵살한 사람이 누군 대요!"

"그래도 이런 방법으로 사람을…."

"이렇게 할 수밖에 없는 날 이해해 주시오. 우리 그러지 말고 잘해 봅시다. 당신을 너무나 사모한 나머지, 어떻게 하면 당신 맘에 들어서 만나 줄까, 잠도 못 잡니다. 꼭 나와 좋은 커플이 되어봅시다. 당신을 위해서라면 무엇이라도 할 준비가 되어 있소."

"아니오, 난 그럴 마음이 전혀 없어요!"

"부웅—"

액셀러레이터를 급히 밟으며 어디론가 달려간다.

"어디 가는 거지요! 내려줘요! 이러면 정말 경찰을 부를 거예요!"

"맘대로 하시오!"

달려가는 동안, 그녀는 좁은 차안이 지옥처럼 느껴지며 자유롭게 놓여진 바깥의 자유로움이, 이렇게 소중하고 부러웠던 적은 없었다. 사람들은 물론 건물, 나무, 나뭇잎, 땅에 나뒹구는 종이조각까지도—.

도심지를 벗어나 정신없이 한참 달리더니 인적이 드문 철로가 나오자 갑자기 선다.

"나 그리 나쁜 놈 아니오. 이런 방법을 써 미안하오. 당신을 너무 사랑하기 때문이오. 신사적으로 나와 잘 지내면 집으로 고이 보내주고, 아니면 오늘밤은 나와 함께 지내야 하오. 어떻게 할거요?"

"....................."

상대할 가치가 없으므로 침묵으로 일관하는 그녀.

계속해서 무언가 떠드는 그.

멀리서 기적소리가 들린다. 기차가 가까이 오자, 지칠 대로 지친 그녀가 느닷없이 차 밖으로 뛰쳐나가 철로를 가로질러 달린다.

가로막힌 기차로, 그를 따돌리는데 성공한 그녀!

"뭐라고!"

"안되겠군!"

"가만 두면!"

"큰일나겠군!"

"혼 좀 내야지!"

·

· Ⅳ

·

"딩동!"

러시아워가 끝났을, 아침나절 누군가 왔다.

"누구세요?"

아기를 보아주는 소녀가 물었다.

"ㅇㅇㅇ댁이죠. 소포 왔습니다."

아파트 현관문과 소녀가 동시에 밀쳐지고 무조건 안방으로 뛰어드는 그!!

그의 손에 칼이 들려있다. 날카로운—.

"너, 혼자 잘살 줄 알았어! 내가 아닌 딴 놈과 말이야! 어림도 없지. 내가 그렇게 호락호락 할 줄 알았어. 내가 바보야! 네가 나를 바보로 만들었으니, 바보가 아닌 걸 보여주러 왔다. 이거야!"

"살려 주세요! 살려 주세요! 한번만. 무슨 말이든 다 들어줄게요!"

"어림도 없지, 이제서야! 모든 게 다 끝났는데 이제 와서. 너와 나, 오늘 한날 한시에 함께 죽는 거야! 그래야 우리는 영원히 같이 있게 되는 거다. 이 말이야!"

입학 선물로 새로 산, 예-쁜
분홍색 원피스
꽃핀
빨간 구두
앙증맞은 손 지갑 꼭 쥐고
날 듯이 기쁜 마음으로 뛰듯이 팔랑팔랑 한참이나
가다 보니 엄마가 보이지 않는다.
'엄마! 엄마!'
아무리 둘러보며 불러도 엄마가 없다.
울고 또 운다.
'엄마! 엄마, 엄마— 어디 있어, 엄마, 엄마—'
울면서 하염없이 부르고 또 부른다.
여기가 어디일까?

엄마가 없다.

깜깜하다.

잠이 온다.

그냥 자야겠다.

광 열쇠

갖가지 고생으로 단련된 나는 그가 집을 갖고 있다는 것에는 별 관심이 없고 아무런 조건도 되지 않았다. 서울을 근거 삼기 위해 그의 명의로 샀으되, 그의 집으로 생각하지 않은 것이 원인으로, 서울 집 그러니까 우리 집은 우리 집이라기보다 서울의 근거지로, 시가식구들은 물론 일가친척까지 누구나 서울에 오면 거처로 삼는 여관 같은 곳이었다.

살림을 해본 적도, 시골과 연계된 생활에 대해서도 몰랐기에, 전혀 예기치 못한 상황에 당황하지 않을 수 없었다.

이미 돌아가신 시아버님의 추상같은 호령과 일거수일투족이 생활의 지침이 되어, 9남매나 되는 자녀를 둔 다산의 시어머님과 8남매를 둔 큰 형님은 비슷한 시기에 아이를 생산했기에 성년이 된 조카들까지, 이미 만들어져 있는 생활철학에 알게 모르게 길들여져 있었다.

아직은 대가족제도가 잔재되어 있기는 하나 시댁은 유달리 고수하는 쪽으로, 시집 갈 당시 시골고향 본가에는 시어머님과 혼전의 남매들과 첫째, 둘째, 셋째 형님 4가족이 함께 살고 있었다. 분가인 서울 집이 생기기 전에는 식구들이 25명 내외였다니, 그야말로 대단한 대가족이었다.

타고나신 관리능력과 대외적인 처세로 일가를 이룬, 시아버님을 잘 이어 받아야할 터인, 장남인 큰 아주버님은 사업으로 선산과 얼마 되지 않은 동생 몫의 토지만 남기는 것으로 재산과 함께 자신도 뒤로 물러앉으며, 본가는 용의주도한 셋째에게 내어주고 임용고사를 거쳐 이직했던 강원도교사가 됐다. 우체국에 근무하는 둘째 형님 댁도 이웃집으로 분가했다.

셋째 아주버님을 중심으로 큰 형님이 잃었던 토지를 찾는 것에 목표를 두고 마음 굳게다져, 동생들에게도 일사불란하게 움직이도록 진두 지휘해 온 듯했다. 모두들 그렇게 최상의 목표가 또 있을까하며, 고개를 크게 주억거렸을 터였다. 대부분이 순박하고 순종형인 형제들이니.

사회과 교사인 셋째 아주버님은 순수한 학문적인 차원에서 20C를 뒤흔든 혁명가인 마르크스 이론에 심취됐던 것은 아닐까. 그리곤 실행하려 했던 것은 아닐까. 작게나마. 내가 아닌 모두의 이익의 증대를 위해. 당신을 위시한 작은 왕국을 위해 스트레이트 전진만이 있었다. 기본적인 먹는 것 외에는 내핍 또 내핍.

“어떤 것에든 될수록 쓰지 않고 돈을 모아 땅을 되사야 해. 모두 잘 살게 해줄 거야.”

체제 아래 진전만이 있었던 사회주의는 어떠했는가. 단계적으로 약속된 패러다이스는 없었고 착취만 있었다. 끝내. 그 것도 조금, 극히 일부분의 간부들에게만 있었을 뿐.

내게 제일 큰 문제로 대두된 것은 가정 형태만 대가족인 것이 아니라, 경제적인 면도 공동체로 묶어 생활하는 거였다. 번 것은 최소한의 생활비만 제하고 모두 시골 본가에 사는, 셋째 댁에 보내고 농산물은 갖다 먹고 장성한 시동생들이나 조카들은 농사에 종사한다. 아주 작은 체제이지만 공동 배분법을 채택해 행하고 모두들 월급이나 노동으로 기여하고 있었다.

형님 댁도 두 양주 모두 최대의 목표를 향해 최선을 다했다. 시골살림이 다 그렇듯이 형님은 끝없는 일로, 아주버님은 퇴근하자마자 지게 지고 나가는 등 전력을 다 했다. 목표는 길지 않은 동안 차근차근 달성되는 중이었다. 월급과 노동이 투입되어, 그 효과가 배가되어 돌아왔을 테니. 목표인 선친께서 일구셨던 농토를 하나, 둘 되사들임은 어렵지 않았다.

이런 와중에 반기를 들고 찬물을 끼얹어 차질을 빚게 한 것은 정작, 갓 시집온 나였다. 이런저런 사연을 이해하기 앞서 가정을 세우고 일가를 이루려는 내게, 독립심이 중천을 찌르는 젊음과 제2의 인생에 기대가 컸던 내게, 1주일에 5천 원은 생활비로 쓰고 월급은 시골로 보낸다나. 당시 교사인 남편의 월급은 5만여 원이었다.

원, 참. 결혼전 돈 버느라 집안 일이 서툴러 결혼생활의 적응은 차치하더라도 시댁식구들 뒷바라지를 놓고도 앞이 캄캄한데, 경제적인 독립 없이 살아야 하다니. 이건 시집온 안주인이 아니라 가정부가 아닌가. 도대체 말이 되는가.

물에 손을 담근 적이 없던 내가, 새벽같이 일어나 새벽일 나가는 조카 조반과 도시락을 싸고, 야간고등학교 교사인 남편은 거의 자정에 들어오고, 여러 식구들로 식사 때마다 잔치처럼 큰상으로 밥상을 차리는, 그야말로 심신이 혼미한 나날이었다. 거기다 광 열쇠 격인 경제적 독립도 없다니, 웃긴다.

여러 직업으로 각각의 사람들과의 만남에서 터득한, 생활의 지침 중 한가지는 무슨 일에나 초반에 방향을 잡아야 한다는 것이다. 가야할지, 접어야 할지를. 일생일대의 대사라 하지만 결혼도 마찬가지다. 중요한 새 삶의 초입임으로 더더욱.

결혼한 지 보름정도 지나 프롤레타리아혁명에 반(反)하는 혁명의 정도는 아니라도, 그에 버금가는 혼자만의 항거였다. '모든 일은 형님이 하라는 대로 해야한다'로 결혼에 대한 개념성립이 전혀 없는, 무지몽매한 남편을 향해.

그가 퇴근하면 화장대 의자에 앉아 꼼짝하지 않고 밤새웠다. "내가 원하는 건 예외가 아니다. 앞, 뒤, 좌우, 사방에 있는 여느 집처럼 살기를 원한다. 여기는 시골이 아니라 서울이니, 지금의 이런 방법은 절대 받아들일 수 없으며, 나 또한 여느 가정주부처럼 가계부 쓰며 알뜰살뜰 내 살림을 원하며, 그럴 자격이 충분히 있다. 이를 받아들이지 않으면 결혼을 물리고 집으로 돌아갈 것이니, 그리 아세요."

전혀 예기치 않은 일에 당황해, 커다란 눈을 끔뻑거리는 모습이라니. 아무런 준비태세가 없는 상황에 적군의 급습을 당한 꼴이다. 35세 나이에 결혼을 한다는 사람이, 결혼에 대한 개념커녕 생각 없이 형이 하라는 대로하면 된다 이었나. 아니다. 그것도 아니고 단순무구, 그 자체인 그. 그냥 그저, 결혼이란 걸 했을 터이니 한심하기 짝이 없다.

그나마 고민은 안 할 수 없는 상황인 그, 돌발상황에 대한 대처로 선배나 동료에게 물었더니, 내가 요구하는 것이 정상이라나. 적지 않은 나이에 겨우 한 결혼을 물릴 수도 없는 그는, 그의 생각이 측근이 말하는 평범한 가정형태인 방향으로 잡히면서, 시집 온 나와 시집식구들은 혼란의 격동에 들어섰다.

신혼여행에서 돌아오자마자 식구 중, 남의 것을 가지려는 것보다 개인적인 착취(?)가 있나 확인하려는 듯, 핸드백이나 화장대에 붙은 서랍을 뒤지면서 돈을 얼마나 갖고 있나 확인하니, 이 또한 배분의 위배가 있나 감시하는 것이 아니고 뭔가. 참으로 비정상적이다. 공동의 집합으로 똘똘 뭉쳤다.

친정을 멀리 하는 것이 통상적인 관습으로 굳어져, 어쩌다 출가해 온 새댁들을 찾아 온 친정 부치 들에겐 은근한 홀대로 일관하고 새댁들 역시 죄인인양 몸을 낮추는 시늉이니, 이 또한 가풍의 답습인 듯하다. 이에, 금기의 친정이 몹시 가난하니 금기를 깰까봐, 피해망상증인가. 혼자만의 개혁의 실현을 위해 여타 다른, 어떤 단점도 잡히지 않도록 친정과는 단절했다. 딸만 있어 아들로 삼았던 내가 그러하니, 친정어머니는 섭섭한 마음이 컸으리라.

임신으로 심한 입덧과 추위를 유난히 타는 체질이나, 나름대로 칠 일을 하는 조카의 두꺼운 작업복 빨래, 친구들과 놀러 간다며 김밥 싸라는 시동생, 새벽밥과 자정 밥, 매때의 큰 상차림, 수 없이 갈아야하는 무거운 중탄 보일러, 몹시 서툴지만 살림엔 차질이 없게 하려고 낑낑댔다. 옛날

풍습의 잔존이 강한, 집안의 내력으로 남자는 집안 일을 전혀 하지 않는 것으로, 자고 난 이부자리도 번데기껍데기처럼 남기니 '남자는 상전이요. 여자는 노예다.' 참으로, 미니스커트가 난무하는 이 시대에 남자만을 위한 남존여비의 관습을 고수하다니, 이 집안은 남자의 편리만을 위한 내력을 답습하는 이기의 극치로 뿐이 생각할 수밖에 없다.

거의 매일 장보러 나오는 고운 새댁의 손이 실처럼 잘게 터진 사이에 검게 들어간 먼지 때가 열 손가락 전체에 껴있는 걸 본, 시장아주머니들은 "새댁이 시집살이가 된가보네"였다. 일을 해 본 적이 없어, 심한 건성피부인 것도 모르고 고무장갑 없이 계속 비눗물에 손을 담근 결과였다. 그간, 나름대로 큰살림하느라 최선을 다 하긴 했다.

로마에 가면 로마법을 따르라는 말은 사회적응력을 위한 것이지, 어떤 한편의 이익을 위한 것은 받아들일 수 없다. 이러저러한 것들을 받아들이지 않으며 굽히지 않는 내 강경한 태도의 지속으로, 같이 살기로 한 시어머니, 시누이, 시동생, 시조카 등을 뒤에 세우고, 놀이를 더 좋아해 가방끈이 짧으면서 역심이 심한 시동생이 대표로 맞대항이다.

"어머니와 누나는 시골로 가시고 나와 조카는 방을 얻어 나갈 테니, 방 얻을 돈을 내놔요!" 시집 올 때 어렵사리 마련해온 소반 등을 마루바닥에 내동댕이치며 소동이다. "이 집이 형 집이야. 시골에서 보낸 돈으로 산 집인데. 이 놈의 집을 부시든지 불질러 버려야해!" 남편에게 말한다. "나 또한 이런 집보고 시집 온 것이 아니다. 집은 필요 없으니, 나가 삽시다."

월급은 계속해서 시골로 보내 여유 돈이 있을 형이 아님을 알 터, 갓 결혼한 우리에게 그렇게 큰돈이 어디 있겠는가. 탐심이 많은 시동생의 두 가지 계산에서 나온 의견이다. 너희들이 돈이 있을 리 없어 우리를 어쩌지 못 할거고, 만약 돈을 받아 방을 얻으면 조카 등을 위하는 것같이 되나, 결국은 자기 것이 되는 것은 자명하다.

나는 방 얻을 돈을 마련키 위해 작전에 돌입했다. 결혼예물로 받은 금들을 팔고 아랫방에 세든 이에게 셋돈을 올려줄 것을 당부했다. 어렵지 않게 장만했고 시동생이 원하는 대로 분가하는 날, 시골에서 모두 올라와 추수해 온 자잘한 곡식봉투까지, 내가 가져온 것 외에는 거의 다 쓸어갔다. 당부해서 맨 끝에 내가던 쌀자루만 남겨두게 하고. 승전고를 두드리는 양, 분투하는 그들의 표정을 무표정으로 대하며 같이 도와 짐을 날랐다. 여생의 큰 갈피를 잡기 위해, 맞지 않은 악역을 고스란히 맡았다. 잡역은 금시 끝날 터이니.

나중에 십 년이 한번쯤 지났을 때, 내가 한 악역은 정역(正役)으로 간주되었다. 내 노력 없이도.

물론 당시엔 시시때때로 들리는 내 악역이 말로 들렸다.

"그 며느리가 보통이 넘어 시가식구들을 모두 밖으로 내쳤다지.", "어째 예식장에서 본 신부가 여간내기 아니게 보이더니.", "그 집엔 아무도 찾아가지 않는다지."

그렇다고 철면피였겠는가. 후유증이 컸다. 심한 입덧과 일대의 사건으로 신경까지 예민해져, 태교는커녕 배 안에 든 아기가 정상적인 사람이 아니고 비정상적인 괴상한 동물일 것 같은 피해망상에 시달렸다.

근본적으로 타고나길 이익이든, 입지이든지 간에 남과의 이해관계에서 계산에 넣어 자신을 위해 남을 홀대이든, 치킴이든을 못한다. 체질적으로. 타협적이지 못한 성격에 치사한 짓은 절대불허이니, 사면초가에 대응하는 악전고투다. 피는 흘리지 않으나 피나는 끈기와 참음을 동반한 혈투다.

칠전팔기, 쓰러트리려고 아니 쓰러트리면 더욱 더 일어서는 오뚝이를 닮으려고 애쓰지 않았는가. 옳다고 생각함은 목에 칼이 들어와도 옳은 것이고 그른 것은 죽어도 허용 못한다. 물론 시행착오로 틀릴 적에는 빨리 포기도 하지만. 어느 정도 자수성가를 했다고 평가된다면, 위 세 가지를 실천했기 때문이다.

어떤 어려움이 죽음보다 더 하겠는가. 고생이 심할수록 생에 대한 애착은 더 했으니, 어찌어찌 자신의 목숨을 단절시키는 이들의 말을 들을 때마다 안타깝다.

길게, 길게 한껏 살아도 얼마나 짧고 아쉬운 생애인가. 도중에 자르다니 아깝고 안타깝다. 사람 자체 그 모양새가 얼마나 귀한가. 그 귀함을 어찌 다 말하랴.

피를 나눈 형제들이 단절이 되겠는가. 시골 둘째 형님 댁 조카가 어렸을 때 팔 관절 안쪽을 데어, 자라면서 찍어 달리는 듯해져 몇 번의 이식수술을 받기 위해 상경해 우리 집에 묵게 되었다.

같이 생활하면서 내가 선입견보다 좀더 괜찮았는지, 입담 좋은 형님의 재 바른 말이 시골시댁 및 일가들에게 전해졌다. 그들이 이러저러한 일들로 우리 집을 묵거나 드나들게 되면서 친분이 쌓아졌다.

나쁜 선입견은 단기적인 인간관계는 불리하게 작용하나 장기적일 때는 유리하게 작용할 수 있으니, 내 경우가 그러하다.

양품점 개점

가만히 있는 성격이 아니긴 시집가서도 매한가지였다. 어차피 교사발령은 요원해, 백화점에서 여러 해 경험한 장사에 도전했다. 첫 아이가 세 살이고 둘째가 젖먹이 임에도 별로 심각성 없이 개점한 것을 보면 역시 젊음 때문이리라.

유난히 친정과 가까이 지냄을 금기처럼 여기는 시가의 속내 특성에 맞춰 시집오자마자 거의 단절하다시피 멀리해, 딸 중에 아들로 여겨 기대가 컸던, 청상이신 어머니에겐 배신감을 안겨줬다. 결혼식 날, 예식장비용이 모자라 교회 자매를 신혼여행길로 떠나는 찻길까지 뛰어오게 했던, 엄마의 비참함에 보상하는 마음이 조금 작용했으나 그 이유가 전부는 아니다. 정체된 삶을 산 적이 없던, 내 도전정신의 발로가 더 컸다.

마침 계 탄 돈도 있고, 친정의 호구지책도 되고, 월급이 시원찮은 동생도 함께 할 수 있어, 시장 통 목 좋은 곳에 규모가 큰, 남녀양품점과 수예점을 겸해 개점했다.

무엇을 했다하면 전력투구하는 특유의 천성이 발동해, 자나깨나 사업구상이 머리에 떠나질 않은 결과인지, 영업은 순조롭게 단계적으로 발전해 나갔다. 구색 맞추기를 위해 일 주일에 한 번은, 명동에 나가 행인들의 유행 옷과 양품점진열장의 옷과 디스플레이를 파악한, 시장조사까지 병행한 결과이기도 했지만, 백화점 근무가 기본으로 작용했다.

모두 잠든 신 새벽에 동대문과 남대문 남녀의류도매시장과 갖가지 수예품도매상가, 스킬자수가 유행인 때라 실 구입으로 세운상가까지 물건을 떼어온 다음, 하루종일 진열과 판매로 일관하고 짬짬이 스킬 수까지 놓으니, 정말이지 노동력의 확대를 위한 북한의 새벽 별보고 일나가서 밤별보고 돌아오는 '별 보기운동'이 따로 없었다. 서민에겐 자가용이 드문 시대로 버스를 타고 무거운 걸 운반했으니, 두 번의 제왕절개로 무거운 것은, 진을 빼는 약질로 변해 무리와는 상극임에도 깡으로 버티면서 고생을 만들어 했던 것을 생각하면 헛바람 웃음이 나온다.

그 때, 옷에 신물이 났는지 지금껏 관심이 없고 벼르다

사려가서도 싫증이 나서 대충 쇼핑을 하니, 항상 입성이 똑 떨어지질 않는다. 혼자만 아니고 가족의 입성까지 그러하니 반성의 여지가 많다.

더 힘들게 했던 일은 가끔 동생의 자유분방한 행동 때문인데, 한창 나이일 때 일정공간에 잡아놓은 것에도 무리가 있겠으나, 가끔 황당하게 해서 이해가 못 미치는 일이 있다. 마침 아기 보는 언니가 고향에 다니러 갔을 때 일로, 아기를 보면서 장사를 해야하므로 손이 모자라는 데도 불구하고 새벽시장에 갔다가 온 후, 아침식사를 마치고 식사를 하게 하려고 아기를 업고 교대했는데, 몇 시간이 흘러도 오지 않는 것이다. 놀러나간 것이다. 꼼짝없이 아기를 업고 장사를 하든지, 점포 문을 닫든지 이다. 새벽시장을 갔다 온 날은 휴식 없이는 물건을 제대로 정리해서 진열하는 것도 벅찬데 아기까지 업었으니.

당시 20대 중반으로 어리다고만 할 수 없는 나이 임에도, 주위 여건엔 전혀 상관없이 독단적인 행동으로 일관하는 데에는 아연실색이다. 격세지감이다. 자라면서 동생의 그런 행동으로 간혹 당혹한 적이 있었으나, 어리고 귀여워 어리광으로만 여겼었다. '어려 버릇, 어른 버릇'이라는 말이 과히 틀리지 않는다. 할머니의 뒷바라지로 크는 상황으로 5살 터울로 귀염성 있게 생긴 어린 동생이라 '누울 자리보고 다리를 뻗어라'했듯이, 내 번지는 아니므로 시샘은 아니지만 귀여움을 받는 모습을 부러워는 했다.

할머니는 "아이고 요 뾰족한 턱 좀 봐. 어찌 요리도 뾰족할까"하며 동생 얼굴에 손과 얼굴로 비비며 마구 뽀뽀를 했다. 멍들지 않았을까 몰라, 엉덩이를 그렇게 수시로 빠르게 두드리며 "요게 누군가"하면 "할머니 강아지."

할머니의 사랑을 독차지했을 터이나, 배려가 적은 성품은 할머니의 무조건적인 편애의 유산 물이리라. 사람의 인성은 거의 유년기에 형성된다니.

백화점에 근무했을 때 경험이 내면화되어 '고객은 왕이다'로 언제나 몸에 밴 친절로, 최선을 다해 손님을 대하고 운영의 묘도 차원 높게 도입하며, 한참을 그렇게 앞만 보고 달렸다.

그리 길지 않은 세월에 이익은 남나, 다른 일은 전폐하고 영업에만 매달리게 되니 '시간과 돈의 노예로 전락되는 것이 아닌가'하는 비판의식의 싹틈은, 손을 모으는 것을 근간으로 시작했기에 친정식구들의 비 협조로 모든 일의 짐이 벅참으로 다가왔기 때문이다.

어렸을 때부터 교사가 되는 소원은 묘한 때에 이루어졌다. 양품점은 절친한 친구가 하기를 원해 넘겨줬고, 이어서 신문에 교사자격증을 가진 사람은 누구나 응시할 수 있는 교사임용고시 공고가 났다.

이는, 나로 하여금 교사가 되라는 절호의 기회를 주는 하늘의 뜻이 아니고 무엇이겠는가. 교사가 될 수 있었음의 반은 친구의 덕임에도 정신없이 돌입해 진행하느라 고맙다는 말을 놓쳤는데, 퇴직을 한 지금까지 고마움을 전하지 못했다.

교사가 되다

예전에 두 번이나 있었던 일인, 한 두 달간 하루 24시간 눕지 않는 마음의 갈급은 아니라도 '이 번 기회를 내 것으로 해야지'하는, 절대적인 마음과 가슴의 떨림으로 이상(理想)의 날개를 폈다.

시험까지 한 달간 기한 안에 오랜 동안 손을 놓아 잊혀진, 교육학과와 교육과정의 두 분야를 정복해야 했다.

교육학은 양성소에서 쓰던 책으로 대체하고, 교육과정은 4, 5, 6학년 1, 2학기 전과서 6권을 이웃에게 빌려, 시간표를 만들고 공부에 돌입했다. 자격증을 따느라 열심히 공부했던 교육학과 너덧 권은 쉽게 진전되었다. 교육과정은 4학년 1학기를 거쳐 2학기에 들어가 열을 내면서 페이지를 넘기고 있는 내게, 남편이 "교과과정이 아니고 학과과정이

지, 초등학교 아이들이 공부하는 걸 하면 어떡해"하며 혀를 찼다.

고등학교 교사인 남편의 말이라 '그런가'하며 전과서를 덮고, 다락에 묶어 둔 초등학교 각 과목의 전공학과로 다시 시작하는데, 여러 과목에다 내용의 양이 너무 많아 안 되겠다 싶어, 남편에게 부탁해서 두껍지만 한 권으로 요약해놓은 책을 찾아 구입해 다시 시작했다.

국어과교육, 수학과교육, 사회과교육 등 10여 과목으로 각각 그 학과에 설립 기본부터 전문적 내용까지, 세부적이고 방대한 내용을 한 권에 집대성 한, 그 책을 떠올리면 지금도 눈과 머리가 아프다. 웬 영어와 한자로 된 법칙과 이름이 그리도 많은지. 그걸 다 외우느라 머리카락 끝이 타는 건 아닌가 했다.

그렇게 전력투구해서 공부했는데, 시험 보는 날 시험내용이 문제였다. 오전엔 교육학과목은 어렵지 않게 보았으나, 오후에 교육과정 시험지를 받는 순간 앞이 캄캄하고 아찔했다. 처음에 전과로 공부한 것이 맞은, 아동들 학습내용인 교과과정내용인 것이었다. 정보수집을 제대로 하지 않은 내 탓이다. 실전에서 실패할 수 없다. 돌발상황에 대처하기 위함으로 찰나의 판단이 요구됨을 인식했다. 주어진 시간과 문제수의 안배와 시험진행방법에서 1분에 한 문제씩 풀되, 시간을 요하거나 모르는 것은 나중에 풀기로 하고 시험에 임했다.

한스러웠던 것은, 초등학생을 대상으로 과외그룹지도를 하지 않았던 것이다. 다행히 중학입시공부를 위해 교과서 전체를 외우다시피 파고들었던, 초등학교 6학년시절의 기억을 더듬어 풀어 나갔으나, 거의 20년 전 배웠던 것을 기억해 내자니 오죽하겠는가. 배우지 않았던 새로운 내용들도 많아, 이번에는 떨어지려나 보다하며 포기했고 별 기대도 하지 않았다.

천명 모집에 삼천 여명이 응시했으며 대부분이 전직교사이고, 게다가 남자교사의 부족으로 남자를 우대하는 취지가 내포되어 있어, 상대적으로 여자는 더 불리했기 때문이다.

시험장에서 명문여대 초등교육학과를 전공한 고교동기인 숙이를 만났다. 깐깐하기로 소문난, 외아들의 홀 시어머니 모시기와 연속해서 낳은 세 딸로 아들 낳을 때까지 애를 낳아야겠다는 주문으로, 고통의 나날을 보내고 있는 숙이는 가정 탈출용으로 전공을 살려 교사가 되기로 했나보다.

며칠 후, 숙이에게서 전화가 왔다. 내일이 합격자 발표라 남동생에게 알아보게 할 것이니, 수험번호를 알려 달라는 거였다.

저녁에 자신은 떨어지고 넌 붙었다는 전화가 왔다. 반신

반의하며 합격 여부를 재확인한 결과 사실이었다. 계획대로 안된 숙이에겐 마음으로 전했다. '경제적으로 풍족하고 집안살림이 큰, 숙이 처지에는 처음부터 맞지 않은 일이라는 것과 비록 전공학과라 할지라도, 시험 직전에 공격적인 공부가 따라주지 않으면 패스하기 어렵다는 것을. 헝그리 복서가 이기는 것처럼 동기가 커야 성사된다는 것을.'

숙이가 다음에 시험이 또 있으면 전해달라고 했으나, 교육현장에서 정신없이 적응하느라 그 쪽 방향으론 전혀 알 길이 없어, 연락을 주지 못한 것을 항상 미안하게 생각한다. 그런 일이 있은 직후, 모임에선 서로간 말은 없었으나 서먹함을 느꼈다. 숙이가 진실을 알고 이해해, 자신의 자존심에 조그만 상처라도 있었다면, 그 생각이 잘못된 것임을 알아주었으면 고맙겠다.

주마등처럼 여러 일이 머리에 스쳤다. 시험 전날 아이들 봐주러 시골서 올라온 아이들 작은고모가, 시험 잘 보라고 어머님이 해준 찹쌀밥을 싸들고 왔던 일에 감사, 감사.

시험공부로 인함인지 모를, 두 아이들에게 공부계획에 차질이 올까봐 쫓기는 심정으로 신경이 예민해져, 신경질적인 야단을 자주 치고 빵이나 라면으로 때우게 하기가 다반사였으니, 갑작스럽게 변한 엄마의 태도에 어리둥절했을 아이들에게 상처가 되지는 않았을까. 미안한 마음이 크다.

애보기와 살림을 도와준 남편에게도 감사.

그런 일들은 단기적이지만 정작 지금부터가 시작이다. 손이 많이 가야할 나이에 떼어놓고 다닐, 우리가정 입장의 결과로 아이들에게 어떤 모양이든 침해가 오지 않을까, 염려가 같이하나 어렸을 때부터 소원이고 무지몽매에도 못 잊을 교사의 꿈을 이루었으니 진정 꿈만 같았다.

축하한다.
이제부터 스스로에게
자수성가의 타이틀을 달아줄게.
자칫 고등학교도 못 나왔을 네가
대학이나 대학원을 나온 그룹과 같이
귀한 사람을 사람다운 사람으로 만들기인
세상에서 가장 가치 있는 일을 위해
교육현장에서 정진할 것이니
자축할 만도 하다.

5. 살아 갈 적에

황혼을 바라보며
얼마 남지 않은 나이라면,
어떻게 살아야 함이 합당할까.

답은 간단명료하다.

당신이 시한부인생이라면,
남은 시간을 어떻게 쓸 것인가.

도 우 미

살림과 아이들을 봐 줄 가정부를 구함이 급선무다. 여러 경로를 거쳐 온, 가정부나 파출부 손을 빌렸으나 고난도 많았다. 중요한 가정을 대신 지키게 함이니, 그 양이 차겠나.

돌보는 손이 자주 바뀌면, 아이들 정서발달에 안 좋다는 것을 알아도 어쩔 수 없는 상황이 있었다.

2년을 계신 까막눈이나 의식의 날이 유난히 예민해, 강한 자의식에서 오는 심한 열등감으로 애먹인 청주할머니 뒤를 이어, 한문공부를 즐겨하는 유식한 고성할머니는 아이들과 같이 쓰지 않고 구석진 부엌 방을 꾸며 독방을 쓰기를 소원해 들어 드렸는데, 오래지 않아 어쩔 수 없이 그만 두게 할 일이 생겼다.

어느 날 학교로 전화가 왔다. “옆에 있는 땅주인입니다. 집을 지으려고 하는데 측량사가 곧 온다하니, 빨리 와서 같이 동참해야 합니다.”

조퇴를 하고 골목어귀를 돌아 집으로 향하는데, 집 앞에서 두 아이 모두 내복만 입고 놀고 있었다. 너무 추워 아무도 나와 놀지 않는 날씨에 내복만 입은 채 밖에 있다니, 이런 대경실색할 일이.

고성할머니는 구석방에서 정신없이 한문책에 몰두하느라, 내가 들어가도 전혀 몰랐다. ‘밖에서 누가 들어 와도 전혀 모르다니.’ “할머니, 이럴 수 있어요. 이런 추운 날 아이들을 속옷만 입힌 채 밖에 나가게 하다니요.” “아이고, 어느새 나갔지. 절대 나가지 말라고 했는데.” “그럼, 대낮에 속옷만 입은 까닭은요.” “으응, 집에만 있으니 빨래 감도 줄일 겸해서 그랬지.” 생각이 났다. 요즈음 6살인 큰애가 무엇을 만졌다하면 수시로 손을 닦아서 손이 빨갛게 터져 있는 것을 대수롭지 않게 넘겼는데. 이유인즉, 아이들 옷이나 몸을 건사해주기 귀찮아 심한 주의의 반복이 결벽증까지 낳게 했다는 것을. 눈물이 와락 솟구쳤다.

아이들 둘 다 순해 젖을 뗄 때에도 이틀만에 뗐던 것처럼, 갑자기 직장에 나가는 엄마를 별로 어렵지 않게 했다. 4살인 딸에게 언제 해주었는지 모를 이야기를 해 속으론 놀라며 파안대소했으니. “엄마 빨리 학교 가야 해”하니

"으응, 엄마가 학교에 늦으면 꼬장 선생님이 '홍 선생, 왜 늦었어'하며 엄마 혼나지. 그치."

궁리 끝에 집을 전세 놓고 근무하는 학교 앞 동네로 이사했다. 이웃에 사는 연세가 그리 많지 않은 인자한 할머니와 연이 닿아, 7년을 하루같이 친할머니처럼 도와줬다.

딸이 초등학교 3학년 때 일은 잊을 수가 없다. 여름 토요일 오후, 퇴근하고 집에 있는데, 온몸이 땀에 젖고 빨갛게 열에 단 얼굴에 몹시 놀란 모습으로, 러닝만 입은 채 황급히 뛰어 들어오며

"엄마! 엄마, 무서워"하며 급하게 안기기에, 놀래서 무슨 일인가 물었다. 땀과 눈물로 범벅이 된 얼굴로, 놀라 헉헉거리며 경기를 일으킬 때처럼 떨면서 띄엄띄엄 말했다.

어떤 오빠가 우리학교 가는 길을 모르니 같이 가자고 해, 가리켜 주려고 학교에 거의 다 갔는데, 손에 쥔 돌멩이를 보여 주면서

"너 내가 하자는 대로 안 하면, 이 돌로 네 머리를 빠셔 죽여 버릴 꺼야."

놀란 애는 녀석이 하자는 대로 따라갔다. 인가와 멀지 않은 벽돌 찍는 공장공터에 있는, 간이화장실로 데리고 들어가 이상한 짓을 하려고 한 것이다.

멀리서 놀던 어린애들이 둘이서 화장실로 들어가는 것을

보고 이상히 여겨 엿보러 왔다가, 이상한 짓을 하려고 하는 것을 알고 화장실로 흙을 던지면서 낄낄거리며 장난을 쳐, 자신의 목적달성에 실패를 감지한 녀석은, 새로 사준 티셔츠는 압수하며 화장실 앞에 있는 돌 밑을 가리키며

"만원을 여기다 두면 이 옷을 대신 둘 거니까, 내일 아침까지 만원 갖다 놔"하며 사라졌다.

놀라기도 하고 윗도리가 없어 한참이나 나가지 못하고, 놀리고 있는 아이들 때문에 난감해 하고 있는 차에, 어떤 아주머니가 와서

"너 왜 여기 있니."

"어떤 오빠가 옷을 뺏어가서 못나가요."

"나 소변보러 왔으니 빨리 나와"하니, 딸은 러닝만 입은 채로 가깝지 않은 거리를 단숨에 달려왔던 것이다.

이야기를 들으면서 여러모로 달래니, 어느 정도 안정을 찾았다. 그 다음날부터 언제 그런 일이 있었나 할 정도로 평온을 찾아서, 놀라지 않았을까 하는 염려를 불식시켰다. 인상착의를 위해 생김새를 물으니, 오빠 친구 ○○와 비슷하세 생겼다는 말을 듣고 한참이나 밖을 돌며보아도 그런 녀석은 없었다. 민감하지 않고 여유 있는 아이라, 크게 겁먹지 않고 위험상황에 침착하게 잘 대처해준 것이 고마웠다. 열 너덧 살 먹었을 어린 녀석이 나쁜 어른흉내를 낸 것이 가소로움과 분노를 느끼게 했지만, 아직 미숙한 행동이

다행이다 싶었다.

비상이 걸렸다. 항상 오빠 옷을 물려 입어 여자다운 옷을 입히려고 사 준 옷이 다른 아이보다 성숙한 아이를 더 성숙하게 보이게 해, 고학년으로 보이기 십상이다. 즉각 머리를 남자처럼 짧게 자르고 옷 또한 더 선머슴처럼 입혔다.

다음 날, 몇 년간 돌봐주시며 친손녀처럼 정이 든 도우미 할머니께서 자초지종을 듣고는 깜짝 놀라며 "큰일 날 뻔했네"하고는 두 달간 끝나는 시각에 맞춰 학교로 데리러 갔다. 비나 눈이 오면 항시 데리러 갔던 정이 많은 분이기에.

'주여, 최소한 아이들만은 안전하게 지켜 주소서. 더 바라지 않겠습니다. 그저 무사하게만.'

대문만 열리면 무조건 밖으로 나가는 아들은, 뒤도 돌아보지 않고 큰 찻길까지 한 걸음에 가서는, 쫓아간 바둑이와 차도 한가운데 서있어 차들을 제대로 가지 못하게 했던 일. 툭하면 없어져 이웃 먼 동네까지 미친 여자처럼 찾아다니는 일이 다반사였는데, 아슬아슬하게 면한 나이에 시작해서인가 무사히 잘 컸으니, 모든 분께 감사, 감사.

출근하기 시작한 몇 년간은 아이들 울음소리가 귓가에 환청으로 맴돌아, 애 먹었던 일이 생각난다. '아무리 좋은 직장이면 뭣하겠는가. 아이들이 무사하지 않으면 허사다'라고 기준을 세웠기 때문이다.

아이들 이상 무엇이 더 중요한가.

둘 다 무사히 성인으로 큰 지금, 모든 분들 덕이라 생각하며 감사할 따름이다. 모든 분들의 안녕을 빈다.

기대의 모순과 참 봉사

방학 한 달간, 1급 정 교사 자격을 위한 연수가 있었다. 대다수 30대 초반의 비슷한 연배의 차례인 듯, 거의 동기 동창회 같은 분위기에 낀, 나를 포함한 몇 명은 이방인 같은 처지였다.

맨 앞줄에 앉은 이들 중, 매시간 교수님의 열띤 강의에 즉각적인 대응으로 일관해 튀는 이가 있었다.

칠판 치우기나 강의실 정비는 그녀의 차지였고 우리 반 심부름을 할 대표도 그녀가 됐다. 연수생들은 그녀를 띄어서 감투를 씌우고, 구설수 위에 올리기 십상인 사회적인 우를 범했다.

집단생활에 정의로운 소수나 약자 편의 입장을 수용하는, 내 특성대로 그녀와 가깝게 되었다.

점심시간 식당에서, 그녀와 같은 자리에 앉게된 계기로 가끔 같이 식사를 하면서, 선교활동도 적극적으로 하는 독실한 크리스천임을 알았다. 건성으로 다니는 내게 종교자료도 주면서 많은 이야기를 해줬다.

봉사활동에 대한 그녀의 정립된 신념에 찬 전달은, 나도 어떤 형태로든 봉사하고 있다는, 설익은 착각 속에서 깨어나게 했다.

"우리 반 동기생들이 이러쿵저러쿵 하는 거 알지만, 전혀 개의치 않아요. 객기가 아니고 진정한 봉사의 의미를 알면서부터 전혀 신경 쓰지 않게 되었어요."

"어쩜 그럴 수 있을까."

"뭇 사람들은 자기가 가지고 있는 것을 간혹, 아주 조금 떼어주면서 큰 봉사를 하고있다고 착각하며, 자신은 대단히 칭찬 받을 사람이라고 생각하지요. 그 심리 속엔 도움을 받는 사람보다 월등하다는, 우월감에 빠져 있기가 십상이니까요. 진정한 봉사란 무엇일까. 오랫동안 숙고한 끝에 결론을 얻었어요."

"어떤 결론일까. 참 궁금하다."

안경 속에 총명이 가득 든 그녀의 눈을 들여다보며 진지한 태도로 들었다.

"내가 어떤 상대에게 무언가를 도와준다는 의도아래 행

할 때, 내 마음속 깊은 곳을 노크해 마음으로 전혀 개의치 않은 순수한 마음을 느낄 때의 실행이, 진정한 봉사라고 생각해요. 기준을 그렇게 정하고 오랫동안 실행하니까 확실한 정립이 서면서, 어떤 상황이든 즐거운 마음으로 참여하게되고 더불어 보람도 커지게 되었어요."

"어쩜, 많지 않은 나이에 그렇게 훌륭한 생각을 하다니."

그녀보다 10년은 더 산 난, 그녀의 깊은 생각에 감명을 받았다. 그 동안 잘못 생각하며 어줍잖게 한 일을 장한 양 스스로 생각했기에 부끄럽기 그지없었다.

어린 시절의 난, 너무도 불우한 인생을 살았다고 줄곧 생각했다. 불우한 사람을 보면 예전의 나를 돌아보며, 동병상련으로 동참해서 다소나마 덜어줘야 한다고 생각했다. 마음 속 깊이 박힌 생각이 의무감으로 발전되어, 살아가며 부분적이나마 함께 했다고 자부했다.

직장생활을 통해서도 왕왕 접했던 일이다. 요즈음 세태는 점점 객체의 강한 자기주의 성향이 되면서, 그런 이들로 구성된 집단은 우리보다는 내 입지나 타산이 우선한다. 이해타산으로 팽배되는 냉정한 긴장이 싫어, 할 일이 있으면 이것저것 따지지 않고 솔선하는 이들이 있다. 나 또한, 다른 이들에겐 못 미치나 따지지 않고 하는 것이 편하다. 세상사 밀고 땅기며 따질 것은 따져야 하는 것이 정석이겠으나, 좋은 일을 하고도 말을 듣는 세상이라 크게 마음 쓰지 않았다. 저 좋아서 북 치고 장구 친다나. 남보다 지극한 마음과 행동은 보통보다 튀어 보이게 마련이니, 어떤 상황이든 평균적인 사람들에게 이상하게 보인다는 것은 당연하다.

따라서 흉내 내보려는 난, 그이들에게 못 미치지만, 그이들이 하는 좋은 일의 시(始)와 종(終)의 짐작은 간다.

대부분의 그이들, 그냥 좋아시 하는 건가. 힘들어도 가치관 형성의 바탕이 있어 하는 건데.

갚아 주시는 분이 든든하게 계시니까. 좋은 일을 하면 더 좋은 일을 만들어 주시니까. 언제나.

생각에 그치지 말고 몸소 실천해보면 알리라. 반드시 더 좋은 일이 생긴다는 것을.

자그마한 일들로 일관하면서 무지 크게 좋은 일 한 것으로 착각했으니, '봉황이 하는 일을 참새가 알랴'하는 교만함이 없었다고 자신할 수 있을까.

그러기에 순수한 봉사는 어렵다.

나와 생각의 덩어리가 하나일 때만 가능하므로.

인간은 감정의 존재로 언제나 하루에도 조석으로, 아니 열두 번 변한다는 말의 근간에 맞추지 않더라도 변화무쌍한 존재임에는 틀림이 없으니, 나 자신 스스로도 믿을 만한가.

지나친 자조적 몰입만 빗긴다면, 자성의 시간은 필요하

다.

인간의 심지 굳히기 평균점의 가중치를 위해서라도.

봉사와 희생이라 하며 나서기가 더욱 어려워졌다. 그렇다고 이기주의는 물론 자기주의의 행태도 싫으니.

하기는 해야한다. 어울려 사는 인생끼리 받쳐주면서 살아야 한다는 생각에는 변함이 없으니.

다음부터 '좋은 일을 한다함은…'식의 완벽주의에 빠진 심각함을 버리고, 자연적인 귀결로 마음의 발로가 있을 때 행함이 좋겠다.

「'나는 썩 괜찮은 사람이야'하고 스스로 상승된 인격체로 올리려 함은 '절대 불허'」 푯말을 곧추세우고.

한 지붕 사람들

*노 부 부

아랫방에 세든 노부부 방에서 갑자기 '왁!'하는 아들의 울부짖는 소리가 들렸다. 우리가 급히 달려가 보니, 머리를 위로한 성냥이 가득 든, 팔각형 성냥갑에 담배 불을 대고 비벼 끄는 시늉을 했다.

순간적으로 붙은 화기가 아이에게 확 올라와, 윗도리 앞섶을 태우고 얼굴 전체를 데우고 겉과 속눈썹 모두와 앞머리를 노랗게 태웠다. 아직 병원 문을 열지 않을 시각이라 우선 연고를 발라주었다. 놀랐으나 겉보기가 괜찮아 대수롭지 않게 여겼으나, 시간이 흐르면서 아이 얼굴 전체 여기저기에 큰 물집이 부풀어올라 모습이 괴상하게 변했다.

여러 날 병원에 매일 다니며 악전고투가 따로 없었다. 물집을 그냥 놔두면 흉터가 생긴다며, 의사 선생님께서는 3살 짜리 어린것의 얼굴에 대고 약솜으로 무차별적으로 마구 문지르니, 아픔으로 발광하는 아이를 어른 여럿이 붙들고도 진땀이 났다. 그 때, 노련하신 선생님께 감사드린다. 어릿어릿 보였던 흉터들이 자라면서 말끔히 없어졌다. 확실히 알게된 것은 피부는 곪으면 썩은 것으로, 재생되지 않아 흉터로 남는다는 것을.

할아버지 내외는 아들집에서 나와 호젓이 지내려고 세 들었는데, 독일에 취업했다 현지인과 결혼한 막내딸이 다니러 온다해, 다시 집으로 들어 갈 지에 대해 하루에도 몇 번씩 번복하다 마음의 결정을 했다.

왕년에 고향에서 국회의원출마까지 했을 정도의 수준으로, 팔순의 연세임에도 송곳 같은 감정의 꼬장함으로 할머니도 손들었다 한다. 그런 분이니 밤새 조바심을 냈다가 이른 아침이 되자, 사용하지 않는 마루로 나오는 문을 통해 안방으로 와, 방을 빨리 빼야겠다는 말을 할 사이도 없이, 어느새 아이가 할아버지 방으로 들어간 것이다. 아빠가 피지 않아서일까, 유난히 담배에 관심을 가진 아이의 호기심 때문에 큰일 날 뻔했다.

'담배 불을 끌 새도 없이, 마음이 바쁘셨으니….'

처음 세 들 때엔 청소하러 온, 못내 시선을 주지 않는 며느리를 곱지 않게 보았으니, 자칫 단편만 보고 사람을 오해하기 쉽다. 별말 없이 큰살림 잘하는 착한 맏며느리로, 분가하는 것을 극구 말렸다한다.

여유가 없는 터에 살림을 난 것은 순전히 일신상의 안일을 위한 이기적인 발상이었다. 매사 노심초사하며 당신의 안일과 건강을 위해, 조석의 찬으로 할머니께 까탈로 일관하는 것을 보면서, 그 분의 행동에 반(反)하는 생각이겠으나, 그 분을 통 해 한 수(手) 터득했다.

황혼을 바라보며
얼마 남지 않은 나이라면
어떻게 살아야 함이 합당할까.

답은 간단명료하다.

당신이 시한부인생이라면,
남은 시간을 어떻게 쓸 것인가.

*할 머 니

미국에 돈 벌러 간, 사위의 소식이 끊긴지 오래되어 직장을 다니는 딸과 예닐곱 살 손녀가 어여뻐서 봐주느라, 애면글면 그러구러 모녀간 3대의 세 식구가 살고 있었다. 미싱에 매달려 밤낮 없이 일을 하면서, 기약 없는 남편을 기다리는 딸이 가여워서일까. 쌍꺼풀진 큰 눈이 유난히 공허해 보여 마음이 아팠다.

실 날 같은 희망을 건, 기약 없는 사위의 기다림에 지쳐가는 세 모녀 식구들에게, 어떤 방법으로든 힘이 되어주지 못해 안타까웠다.

바지런한 할머니라 항상 깔끔한 매무새와 키도 크시고 호리호리해 젊어서 한 인물 하셨음 직한데, 항상 연한 색 한복을 평상복으로 입는다. 허리엔 잘록하니 끈으로 동여매고 날씨에 따라 조끼나 스웨터로 조종해 덧입는 모습이 보기 좋다. 속이 좋지 않아 많이 잡숫지도 못하는 분이 잠시도 쉬지 않고 움직인다.

심한 몸살로 앓아 누워 꼼짝할 수 없어, 지하에 있는 연탄불을 갈지 못해, 냉방에서 이불 속에 누워있는 우리 모자를 보고는 쯧쯧 혀를 차며

“아이고, 이 열 좀 봐. 젖몸살이구먼. 이렇게 아프면 도와달라고 해야지. 기척이 없기에 궁금해서 와봤더니만”하고는 찬 수건을 머리에 대주고, 연탄불을 피우고, 약을 지어오며 한바탕 뱅뱅 도시고는

“애기 아빠 양말 어디 있어”하더니, 한 짝씩 내 유방에 대고 빙빙 돌려 풀어주면서

“젖몸살에는 이게 최곤데. 애 아빠가 미리 이렇게 했으

면, 이리 안 아팠을 텐데.”

방에 딸린 작은 부엌에 있는 수도보다 마당에 있는 수도를 사용하는 걸 좋아하는데, 집에 계시는 시간의 반은 수돗가에서 사셨다.

“애기 엄마, 이 물 좀 봐. 얼마나 고와, 맑고 깨끗한 모습이. 물 모양도 좋지만 손에 닿는 시원한 느낌이 더 좋아. 씻고, 닦고 하면 마음도 깨끗해지는 것 같아.”

할머니께서는 내게 일찌감치 물의 철학을 심어 주었다. 물의 순수함을 깨우쳐 주지 않았으면, 그저 물인가 보다했을 터인데. 힘든 시절, 수도꼭지에서 방울져 똑똑 떨어지는 물을 보면서 ‘저게 모두 다이아몬드이면 얼마나 좋을까’하며 생각했던 것을 떠올리며 혼자 무안해 피식 웃었다.

할머니께서 더운 날에는 수시로 세수를 하는데, 물로 얼굴을 마사지하는 양, 고루고루 펴 발라 정성껏 문지르고 푸아푸아 헹구고, 얼굴에 묻어있는 물을 아끼듯이 모두 쪽진 머리 위로 그러모아 머리 기름처럼 바르며 가다듬곤, 높고 파란 하늘을 바라보신다.

사위가 있을 곳을 향해 염원을 띄우시는가.
멀어져가기만 하는 한창 때의 끝자락을 찾으시는가.
먼 곳을 향한 퀭하신 눈에, 물이 뜨겁다.

* 새 댁

갓난이가 있는 신혼살림의 새댁이 세를 들었는데, 교회에 다니는 그녀의 생활모습을 보고 종교관에 혼란이 왔다. 나는 들쭉날쭉으로 엉터리 신자이나 순수한 종교인이라 자부함은, 항상 머리에 신자로서의 본분이 자리잡아 있어 '믿는 사람'임을 잊은 적이 없기 때문이다.

나도 결혼해서 가정을 꾸민지 몇 년 되지 않았을 때이니, 대여섯 살은 아래일 새댁의 신앙생활에 관심을 가짐은, 모든 생활의 중심을 너무 교회에 치중해 두기 때문이다.

몇 가지 눈에 차지 않는 것은, 그녀의 풍채에 비해 왜소한 남편이 여느 사람에 비해 일하는 시간이 길어, 피곤해 보여 더 작아 보이는데, 조석의 찬이 너무 부실한 것이다.

살림은 얼렁뚱땅 이고 매일 아이를 들쳐업고 하루 종일 교회에서 사니, 매일 교회에서 뭘 하며 지내는 걸까. 둘 다 고생이라 큰맘먹지 않고는 갓난이를 데리고 외출하지 않는데, 참으로 신기해라.

믿음은 각자 자유라 하지만 뭔가 개운치 않아, 처녀 적부터 다니던 교회 목사님과 전도사님이 함께 심방 오신 자리에서 여쭤보았다.

"목사님, 교회에 열심히 다니는 사람들은 살림을 대충해도 되는지요."

"아니지요. 믿지 않는 사람보다 더 일찍 일어나 더 부지런히 일해, 살림을 더 잘하면서 다녀야 하지요. 그래야 주님께서도 기뻐하시지요."

'3더' 방법으로 해야하는구나.

'더'라는 말에 힘주어 세 번한 것을 들으면서 속으로 이해하기 좋게 생각했다.

* 외국체류 가장

"오빠가 가져가면 난 어떡해."

"아냐, 내 약속이 더 중요하니, 내가 써야해." 세든 옆방 고등학생 남매의 목소리가 점점 커진다. 오빠는 나가고 방에서는 훌쩍이는 소리가 들린다. 서로 가져야겠다고 한 것은 버스표였다. 우리 거실 소파 뒤에 붙은 그 집의 방문은 쓰지 않으나 거실에 딸린 방으로 큰 소리로 말하면 들린다.

눈시울이 뜨거워졌다. 내 어릴 적 생각이 나면서, 당장 용돈을 쥐어주고 싶은 마음이 굴뚝같았으나, 돕는 것은 참으로 조심스러운 것임을 익히 알고, 상대가 한창 예민할 여고생이라 한참 생각하다 결심을 했다. 지금은 그냥 지나치고 자연스럽게 다음 기회를 만들어 보자.

세든 가족은 10여 살 연상인 엄마와 2남1여로 모두 귀티나고 잘 생겼다. 미국에 간 아버지는 일이 잘되지 않아 돌아오지 못하다 마침내 불법체류자가 됐다가, 현지인 여자와 결혼까지 하고 영주권까지 갖게 됐단다. 일방적인 편지로 아버지의 소식은 아나, 배신감의 치를 떠는 엄마의 절대 불허로 소식의 왕래는 없었다.

며칠 후, 귀가하는 수줍음이 많으며 예쁘고 해맑은, 막내 외동딸을 붙들고 자연스럽게 인사말을 하고는

"우리 집 애 아빠가 학교에서 얻은 건데, 우리는 필요 없으니 가지면 어떨까." 얼굴을 붉히며 사양하는 그녀에게 버스표를 쥐어주었다.

고생을 모르고 컸을 것 같은 부잣집 여인네의 풍모를 지닌, 말수가 적은 어머니는 수입이 들쭉날쭉한 보험설계사로 일하니, 모두 학생인 3남매를 뒷바라지하기가 불안하고 버거우셨다.

그 가족에게 큰 변화가 왔다. 원인은 막내딸의 항거였다. 미국에 있는 아버지한테 간다는 것이다. 아버지는 현지처의 사업을 도와 번창하며 잘 지내고 너덧 살 짜리 아들까지 두었다하며, 막내딸의 고생이 심한 처지의 내용이 담긴 편지를 보고 딸에게 간청했다. 미국으로 와서 같이 살자고. 무엇보다 현지처가 더 원한다고. 그 나라의 국민처럼 그녀도 양육에 대한 개방적인 성격을 닮았나보다. 이미 딸의 방을 공주방처럼 꾸몄다 한다.

고생이 심해서 심신이 지칠 대로 지친 그들은 어머니를

설득해, 아버지의 의견을 전폭적으로 받아들이기로 했다. 방을 빼서 아이들을 보내고 당신은 나중에 따라 갈 거라며, 아들들은 아버지와 다른 집에서 산단다. 당신은 아이들을 따라 갈 때까지, 방을 하나 구해서 임시거처를 마련한단다.

떠나는 아이들 편에 남편의 가족에게 보내는 선물을 일일이 마련했다면서, 사내애 옷까지 보여주는 모습이 안타까웠으나 참으로 아름다워 보였다.

아이들을 위해 감내하기로 한 아름다운 그 모습이, 그녀의 남편에게까지 전해졌으면 좋으련만.

지금쯤 착한 아이들이니까, 어머니의 자리를 외롭지 않게 만들어 드렸으리라.

* 고운 여인

초등학교 다니는 모범생 아들을 둔 젊은 엄마는 모습이나 언행, 모든 면이 다 고와 보는 이를 즐겁게 했다. 그런 그녀가 자신은 물론 누구라도 고운 그녀에게 붙이고 싶지 않을 터이나, 미혼모로 아들을 낳아 길렀던 것이다.

처음 이사올 때에 '아이 아빠는 어디 다니세요'하니, 얼굴을 붉히며 외국 출장 갔다는 말이 기억돼, 남에게 평범한 인사성 관심도 결례가 된다는 것을 알았다. 난 미안한 마음이 있어 조심했고 아들에 대한 사랑이 끔찍한 그녀는,

우리학교 학부형으로 내게 교육상담도 하는 자연스러운 사이로 가까워졌다.

아이의 아빠는 같은 회사직원으로 서로 가까워져 사랑하게 되었는데, 곱고 순진한 처녀는 유부남인 줄 꿈에도 몰랐고, 그 사실을 알기도 전에 사이가 급진전되어 아이까지 갖게 되었다.

착한 성품만큼 남에게는 해를 주지 못하지만, 자신에게는 철저하게 냉정한, 강한 외유내강형 그 자체다.

글쎄, 신은 어느 편이였을까. 전무후무, 본처는 아이를 생산하지 못해 그녀의 아이를 요구했을 터이나, 자신의 전부를 줘도 아깝지 않을 아이를 주다니, 상상이나 할 수 있겠는가. 절대 들어줄리 없지.

엄마 성으로 바꾸기를 원해 법적 절차를 밟을 때, 본처는 내가 나갈 터이니 들어와 살라고 했다한다. 단정하고 단호한 그녀가 그리 할 리가 없다. 그러고 보니 아이 성씨가 엄마와 같고 그녀의 아들은 그녀만큼이나 곱다. 짧은 시간동안 일하는 시간외에는 생활자체를 아들을 위하는 일에만 매달리는 그녀, 여름방학중 어느 날 이야기 끝에

"우리아이 선생님은 통지표 통신란에 쓰시다 만 것처럼 하지 않았으면 좋겠어요. 아이에 대해 자세히 알고 싶은데 아쉬워요"한다.

참으로 말도 예쁘게 한다. 교통사고로 문제가 있던 연로

한 교사로, 엄마들의 원성이 높고 노골적인 강한 표현을 자주 들었던 바이다.

그런 담임에 대한 말을 예우를 다해하는 심성 고운,

그녀의 편이 되셨으리라. 신께서는.

*잘 못한 결혼

한 많은 세상을 그렇게 등지고 가신이여.

그니는 이미 이 세상사람이 아니다.

별 말이 없고 부지런한 그녀.

말없이 무엇인가 일하는 모습이 그니의 그림이다.

농촌에서 나서 자라며 일찍이 농사일 뒤에서 묵묵히 돕는 그녀의 모습은 현 세상사와는 좀 동떨어진다. 그니는 서른이 가까운 나이까지도 여성스러운 것과는 상관없는 듯이 전혀 관심이 없어, 집안사정과는 관계없이 머리나 얼굴 치장은커녕 입성마저 더 할 수없이 항시 검소하다.

그니의 불행의 시작은 가부장적인 집안의 특성도 원인이 되지만, 자신의 생각의 성립보다 무조건적인 윗사람 말을 복종으로 일관하는, 자신에게도 어느 정도 책임이 있다.

이제서야 넋두리에 그치겠으나, 그런 그니에게 맞는 농촌이 아니고, 전혀 맞지 않은 서울 도시적인 홀어머니의 외아들에게 시집을 갔으니. 중매로 맺은 그들은 전혀 어울리지 못하고 한 두 달간 결혼생활로, 시작도 하기 전에 끝내기로 하고 남은 것은 임신이었다.

결벽증일 정도로 남에게 신세지는 것을 싫어하는 그니, 부득이한 사정으로 아이를 데리고 친정살이를 하게 되었으니, 마음 고생이 암으로 되었을까.

세상을 등지기 직전의 모습을 보고는, 손을 잡고 하염없이 함께 울었다. '주님, 너무 하십니다. 지으실 때는 그리도 아름답게 지으시더니, 말미에는 이렇게 추하게 만드시다니….'

그 방이 그니의 방이라니까 그니인 줄 알았지, 아니면 어디 있는가 찾았을 거다. 거기엔 50줄의 아낙이 70줄의 할아버지로 변해 있었으니, 너무 하신 신께 항의하지 않을 수 없었다.

잘 못한 결혼으로 불행한 삶이 되었으니, 과년한 아이를 둔 나도 명심할 일이 있다. 요즈음엔 남자에게도 해당되기는 하겠지만. 한해, 한해 어김없이 더하는 불청객 나이로, 그들 중에는 초조하고 쫓기는 마음이 뭉쳐서 바겐세일식 결혼을 하게된다는 것이다.

자칫, 아니 간만 못한 결혼은 영영 돌이킬 수 없게 되므로 냉철한 주의가 촉구된다. 더군다나 요즘엔 결혼한 3쌍 중에 1쌍은 이혼을 한다니, 조급해 할 필요가 전혀 없다. 무슨 일이든지 아니 한만 못한 일을 하는 것은 바보의 몫일 터이니. 중대사에선 더군다나.

어르신 두분

깔끔하고 단호해, 남에겐 절대 예의에 어긋날 수 없는 성품의 사람은, 상대도 자기와 같은 맥락이길 바라기 십상이다. 개인성향에 따라 정도의 차이는 있으나 평균치보다 더 강경할 수 있으니, 그런 분이 시아버님이다.

좀 떨어진 복숭아가 잘 나는 동리에, 부모형제가 음전하고 다복한 집 규수를 아내로 맞아 혼례를 올리고 사실 제, 순박하기 그지없는 아내는 그 분의 말씀에 순종하고 연이어 아이들을 생산하며 말없이 큰살림을 도맡아 했다. 인물이 만족스럽지 않은 것을 빼고는 모든 것을 당신의 혀처럼 움직여주니, 이만하면 썩 괜찮은 일가를 이루겠다 했다.

그 분의 생활은 그 자체가 도덕윤리기도 하지만 털끝만큼도 빈틈이 없다. 농가의 딸로 태어난 아내는 별 교육을 받은 적이 없으니, 그 분의 말씀대로 함이 옳다. 그 분의 확고한 의지가 담긴 대소간의 생활의식은 듣거나 보지 못한 획기적인 것들로 형성되어 있으니, 그 분의 언행은 곧 법이요. 철학이요. 신앙이다.

그 분은 셋째아들로 가계를 계승할 입장이 아니므로 당신을 기조로 번성한 대가족에 입문을 하리라 마음을 다지며, 기량을 철저히 충분하게 준비해왔다. 큰 조직의 오케스트라는 현란하도록 어우러지는 각양각색의 손들의 움직임들로, 그럴 수 없이 멋진 조화의 웅장한 소리를 뿜어낸다. 그러나 지휘자가 없다면 가능키나 하겠는가. 그 주역은 바로 나다. 내가 한다. 당연히. 각오가 대단하다.

처음엔 물려받은 크지 않은 집이 전부로, 소유한 농토가 없어 약간의 자금으로 농토를 사고 파는 뜨내기 땅 장사부터 시작해, 조금씩 내 농토를 갖게 되었다. 넓지 않은 농토를 근간으로 시작해 당신의 포부를 실현하려면 성실, 근면, 절약 이외의 것은 허용할 수 없다. 절대로.

당신의 사업을 계속 하면서 집안에서는 제일 큰 일인 농사에서부터 작은 살림의 구석까지 지휘봉을 든다. 그분은 어느 누구보다 탁월한 분대장이고 휘하 가족들과 일꾼들은 일사불란하게 움직이는 부하들이다. 이렇게 전력투구함은 훌륭한 일가를 이루기 위한, 결실을 위한, 노력의 피땀이다. 그 분의 의지에 찬 계획에 따라 결실도 차근차근 엮어졌다.

한때는 나물이나 나무껍질로 죽을 쑤어 끼니를 때운 적도 있으나 목표를 향한 중심이 흔들린 적이 없으니, 가난이란 복병은 그 분 앞에서 힘을 못쓰고 물러갔다. 해가 뜨면 일어나 움직이고 해지기 전에 그 날의 일을 마쳐, 불을 켜는 일로 연료 낭비가 있으면 안될 정도로 최소한의 지출 외에는 절대 나가지 못하게 했다. 남은 돈은 재투자로 더 불리어 돌아오니, 옥토도 사들여가면서 자리를 잡아갔다.

그 분의 상술은 천재적으로, 움직이는 것 자체가 돈이 되어 돌아오니, 동리 분들은 '걸어다니는 돈'이라 했다. 사업상 멀리 가는 일이 빈번해, 출타할 때마다 가족들의 안전을 위해 가족들에게 "잠깐 읍에 다녀오마"이거나, 누가 "어디 가십니까"하면 "예, 잠깐 아랫마을 좀 다녀 오려합니다"의 일화처럼, 매사 세심한 주의를 게을리 하지 않는 분이다.

그러구러, 어엿한 자영농가로 자리잡았다. 아들들이 성장해서 고등학교부터 서울로 유학을 보내는데, 거처를 가게가 딸린 점포로 정해 쌀가게를 여니, 농사 지은 쌀을 팔면서 아들들도 건사하고, 아들들은 가게를 돕고 생산지에서 소비자에게로 일거양득, 삼득이 아닐 수 없다.

당신이 정하는 것은 한치의 양보도 없이 고수하므로, 가족들의 애로도 있겠으나 절대불변의 가법으로 자리잡는다.

아무리 더운 여름이라도 아내와 며느리에게 얼굴과 손 외에는 보이지 않도록 했다. 아무리 고달플지라도 가정 사(事)는, 안사람들이 모두 해결해야 하므로 남자에게 절대 불허다. 아이를 돌보거나, 이불을 개거나, 청소를 하거나 등 대소사간 어떤 일이든지 남자가 집안 일을 하는 것은 금기사항이다. 식사도 3단 식사로 어른남자들의 상과 아이들의 상은 따로 하고 아녀자들은 바닥에서 먹어야 하니, 철저한 계급사회가 따로 없다. 지금 시대에는 이해하기 힘든, 그 당시 잔재된 대가족과 병행한 남존여비사상이 과도기적 시대의 일로 묵과되었다.

당신의 입성은 속 사람만큼이나 단정해, 항상 갓 지은 옷처럼 백옥의 한복을 입으시며 흰 고무신을 깨끗이 닦아 댓돌 위에 코를 밖으로 향해놓아야 하므로, 그 분이 집안으로 드실 때마다 아무리 바쁘더라도 누구든 당번을 정해 신을 바로 놓아야하므로 정신을 놓아서는 안 된다.

어떤 일이든지 습관이 되면 어렵지 않게 생활화되면서 자리잡으니, 당신의 철저한 생활의 뿌리깊은 솔선이 근간이 되어 자리잡아가면서, 주위의 모든 사람에게 귀감이 되고, 높은 신망과 더불어 일부 사람들에게는 우상까지 되었다.

그 분이 그럴진대, 자녀들은 하나 같이 가법에 어긋남이 없이 자람은 말할 것 없으나, 세월이 흘러 시시각각으로 모든 것이 변했음에도, 그 분의 가치관이 전수되어 답습이 철저한 자녀일수록 현실과 괴리가 커져 문제가 유발되니, 형제간에 어려움을 야기 시키는 일이 발생하곤 했다. 나까지 동참한 전력이 있으니.

그 분께 시집온 어머님은, 그 분 가법에 맞춰 살아가면서 연속적인 출산으로 연달아 11남매를 낳았으니, 그 고생이 불 보듯 뻔하다. 당시 의식주의 방법은 전근대적으로, 시골서 애를 낳아 키우며 큰살림을 꾸리는 일은 잠시도 쉴 틈을 주지 않았다.

옷은 대부분 자연에서 얻은 소재의 천으로, 절개된 부분을 일일이 뜯어 삶아 빨아 하얗게 해서 풀을 먹이고 다린 다음, 낮엔 집 안팎의 널린 일로 쉴 틈 없는 강행군으로 파김치 된 몸을 바닥에 눕히지도 못하고, 밤까지 꾸벅꾸벅 졸면서 다시 일일이 꿰매 옷을 지었다. 그 일을 지금도 한다고 생각하면 절로 머리가 도리질 쳐진다.

갖가지, 장사진 쳐진 일의 호령은
어른의 불호령이나 진배없으니 어쩔거나.
그저 사는 것이 저마다 당한 사람들의 몫이니.
성실한 사람들의 몫은
왜 그리 자명한 덩이로
턱하니 턱 앞에 버티며 놓이는지.

음식 준비는 어떠한가.

밭일을 하고 나서 찬거리를 뜯어와 즉석에서 조리하고 불을 쓸 일은 아궁이에 불을 때고 해야한다. 가스렌즈에서도 자칫 불의 조종을 방심하면 제대로 조리가 안 되는데, 가마솥에 끓이고 삶고 졸이고 심지어는 잿불에도 하는 음식이 있으니, 그저 아궁이 불이 아니고 불의 특성을 최대로 이용하는 마술의 불이다. 간단히 데우기도 어려워 한번에 모두 함께 식사를 해야하니, 상차림도 만만치 않았다.

그 습관이 남아 있어서인지, 어른들은 요즘도 차린 식탁에 재빨리 와서 앉지 않으면 번번이 아이들에게 역정을 내면서 "식을 때 기다려. 식사 때에 빨리 와서 먹지 않으면 복 나간다니까." 항용 옛 분들의 전해 온 말씀들은 생활의 합리를 위함인데, 식사시간을 고수케 하는 것은 식으면 다시 데우기 어려운 시대상황의 반영이고 제각각 할 일이 많으니, 노동력을 빨리 가동케 하기 위함도 있어 더욱 강조되었다.

아들만 연달아 낳아 넷째 아들인 남편은, 연이은 출산으로 어머니의 젖이 모자라 젖 대신 단 것을 섞은 밥물을 먹고 컸다하니, 그 것이 한으로 남았나. 별명 중 '머씨'도 있으니, 이는 식사 때가 되면 "밥머, 밥머"하며 밥을 먹자는 말을 누구보다 제일 먼저 해서, 붙여진 별명도 되지만 무엇보다 밥을 아주 좋아한다. 젖 대신 밥물을 먹은 연유일까.

다산으로 아기가 없는 날이 드물 터이나 바쁜 농촌에서는 한가로이 아기만 보고 있지를 못해, 방에다 뉘어놓고 가면 돗자리나 가마니를 깐 방을 빙빙 돌며, 울다가 자고, 싸다가 자고 했다. 거친 바닥에 범벅까지 되니, 유아 환경이 얼마나 조악했을까. 고만고만한 아이들이 잘 씻을 리 없어 옷과 몸, 모두 꾀죄죄하고 코를 하도 닦아 옷소매가 반질반질 했다.

아기를 갓 낳으면 삼칠일은 바람을 쐬지 말고 푹 쉬어야 하는데, 그렇게 하는 것은 고대광실 안방마님의 몫으로 꿈도 못 꿨다. 그러기는커녕 출산하고 바로 일어나 제일 급한 것이 빨래라, 가득 든 함지박을 잔뜩 이고 빨래터로 향한다. 겨울이 아니면 한 부조하는데, 찬바람 쌩쌩 이는 한겨울은 어떻고. 얼음 깨서 빨래를 하니. 당시에는 고무장갑이 없어 맨손이라 나중엔 손에 감각이 없어졌다 하니, 생각만 해도 등골이 으스스 소름이 끼친다.

여러 자녀들 키울 때도 정한 때 없는 임신과 출산, 고만고만한 아이들 건사, 대가족의 의식주 해결은 항상 하는 일이나 특히 겨울엔 어려움이 더 많았다.

겨울옷을 지을 때엔 솜을 넣어 손으로 일일이 누비기까지 한 옷을, 개구쟁이들이 얼음을 지치면서 놀다 구정물에 적셔오는 것은 다반사고, 게다가 모닥불을 피어 말리다가 태우니, 참으로 '공든 탑이 무너지랴'가 무색하다. 그렇게 하루하루를 근근히 영위하듯 살면서 끝까지 출산하며 건재했으니, 인간의 무한한 잠재력에 경의를 표하지 않을 수 없다.

많은 가족들과 살아가는 과정에서 어머님 당신의 생활철학이 자리했음일까. 여러 아들과 며느리를 거느리면서 조용히 편안하게 가실 때까지, 모두들의 지극한 효심을 받으며 살았으니 여한이 없으셨다.

나도 친어머니보다 시어머님을 더 좋아했으니, 당신의 초지일관 변하지 않는 인품 때문이다. 여러 가족휘하 여자들의 질척한 삶 속에는 말이 무성 할만도 했으나, 단 한 차례도 말씨름이 없었음은 어머님의 철칙인, 어느 누구의 이야기든지 절대로 남에게 옮기지 않는 것에 기인한다.

연로해 잦은 병치레로 전전긍긍할 때, 아들들 모두가 받들어 총 자세로 한시도 맘을 놓지 않고 병원에 연계를 든든히 해놓아 여차하면 병원 행이셨다. 아들부부 모두들 맘을 모아 쾌차하시길 간절히 바라면서.

'효자는 효부를 낳는다'는 말은 한 치도 틀림이 없는 말이다.

하늘나라에 계신 아버님, 어머님의 명복을 두 손 모아 빕니다.

형 님

시아버님의 앞서는 사업수완과 끈질긴 노력으로 자수성가해, 농사로 번성한 시댁에 획기적인 일이 생겼다.

올망졸망한 시집 동생들과 첫째 형님 댁의 조카들로 이뤄진 대가족 집안에, 둘째 형님이 시집온 일이다. 둘째 형님은 첫째 형님과 달리 활달해서 입심이 좋으며 체격도 크고 튼실해, 일도 억척의 힘부터 섬세한 일까지 두루 섭렵하니 초기개혁의 일조도 컸다. 구수한 말씀은 밤 깊은 줄 모르게 들어도 재미가 더해, 손자들에게 들려주는 할머니의 옛날이야기처럼 귀에 쏙쏙 박힌다.

형님의 일화 중, 제일 큰 사건은 지엄하신 시아버님과의 일이다. 시집와서 얼마 지나지 않아, 유행의 물결이 시골까지 전파되어 이웃 아낙들이 한, 파마가 하고 싶어졌다. 파마 값을 마련하고 벌벌 떠는 형님 꼬드겨 시간 허락이나 머릿수건 등을 챙겨, 읍내까지 가서 파마를 하고 나니 너무 늦어져, 그렇게 먹고 싶었던 짜장면으로 호식까지 하고 돌아왔다.

저녁도 지난 너무 늦은 밤이 돼도 돌아오지 않는 며느리들이 심상치 않음을 눈치챈 아버님은 엄히 문단속을 시키곤 침소에 들지 않으신다고, 멀리 골목어귀에 들어서는 두 형님 귀에까지 들리니 앞이 깜깜 혼비백산이라. 적지에 들어서는 분대장 격인 둘째 형님은, 벌벌 떨며 초죽음이 다 된 큰 형님을 무사히 귀가시키곤 자신도 살금살금 들어가는데 성공. 그날 밤을 무사히 넘겼다.

그렇지만 달라진 머리는 어쩔거나. 수건을 뒤집어썼기는 했으나 바보가 아닌 이상 모르겠는가. 아버님의 불호령을 고스란히 맞았으나, 이미 엎질러진 물을 주어 담을 수 있나.

"아버님, 다 제 잘못입니다. 형님은 잘못이 없습니다."

"너를 처음 보았을 때, 너의 맵시보다 삼단 같은 머리가 맘에 들어 며느리로 맞았거늘, 얌전히 있는 제 형까지 버려놓았느냐 버려놓길. 둘 다 친정으로 가서 머리가 전처럼 자라거든 다시 오너라. 알겠느냐."

"아버님, 죽을죄를 지었습니다. 용서하옵소서. 다시 기르겠사오니 친정으로만은 가라고 하지 마옵소서."

그 일로 밥상을 번번이 물리며 사흘을 굶으셨다하니, 새며느리가 몰고 온 풍파의 충격이 꽤나 컸나보다.

제일 재미있는 일화는, 진흙으로 발라 만든 부뚜막에 구멍이 난 부분을 메우려는, 시아버님의 일거일동을 형님 방문에 붙은 쪽 유리를 통해 훔쳐보았다. 진흙을 동글동글 물에 정성껏 개어 구멍을 메우는데, 그 놈의 진흙이 무징도 하지 한 시간이상 공들여 십 수 번이나 다시 해도 쏙쏙 빠져버리는 거였다. 일을 못하는 사람은 시간과 애를 씀은 크고 일 끝은 만족치 못한데, 시아버님이 그런 분인 듯. 하다하다 안되니, 화가 나서 투덜거리며 돌을 올려놓고 구멍에 맞춰 깎으라고 했단다.

일에 대한 요령이 없는 사람은 일에 대한 의견도 거기까지이므로, 그런 사람들은 자신의 의견에 대해 재고할 필요가 있다. 고집을 피울게 아니라. 누구나 무엇이든지 다 잘하는가. 시아버님께서 사업수완이 있으니, 일솜씨도 있다고 생각하면 착오이다. 제각각 잘하는 일이 다르므로.

둘째 형님이 보아하니 시아버님 하시는 양이, 답답하고 안타깝기도 하지만 웃음을 참느라 애먹었다 한다. 다음날 아버님이 출타한 틈을 타, 진흙만 갖고 끙끙거리며 실패했던 것은 진흙에 짚을 섞지 않아서이니 "짚을 썩썩 섞어 구멍에다 척 붙이니, 1시간이상 애쓰시며 실패한 일을 5분

만에 끝냈지"하니, 너무도 우스웠고 더 우스운 것은 며느리가 고쳐놓은 부뚜막을 보셨을 시아버님의 심정과 표정을 상상함이다.

그렇게 일솜씨가 좋은 형님이라 일의 개선에도 앞장섰다. 가마솥에다 밥을 해서 20여 식구의 밥을 일일이 퍼서 마당을 거쳐 마루나 방으로 옮기니, 그런 잔일도 없었다.

"시집와서 보니 어머님이나 형님께서 밥을 푸는 것도 한참 걸리지만, 하나, 둘… 헤아림을 반복하는 것도 한참이라, 앞서 푼 밥은 식기 일수지. 일차적으로 큰 양푼에 밥을 퍼서 들어가 밥상 옆에서 직접 퍼서 놓으니, 셀 필요도 없고 나르느라 애쓰지 않아도 되고 식지도 않으니 일거양득이 아닐 수가 없었지."

그렇게 시시때때로 실제의 아이디어로, 고생을 줄여가면서 생활이 개화되고 나아가 개선되었다.

농번기로 바쁜 철에 살림을 짚어보신 아버님께서 두 형님을 부르곤 엄한 꾸지람으로

"아가들아, 지난달엔 쌀을 여섯 가마니나 먹었으니 너무 헤프질 않는가." 마당질 후에 마당에 떨어진 낟알을 몇 시간이든 다 줍는, 밥을 먹을 때나 설거지 할 때도 밥풀 한 알의 흘림도 허용 안 하는, 피땀이 모인 결산의 중요성을 아무리 강조해도 모자라지 않다는 그분이라, 언성을 높일 만하다. 그에 답하는 형님의 획기적인 응답은

"아버님, 저희들은 여섯 가마니 밥 짓는 일 뿐 아니라 찬거리까지 준비하고 상차림까지 했으니 어찌 생각하시옵니까." 이에 아버님께서 입을 반쯤 열고 말을 잇지 못했다한다. 아버님은 당대의 당당한 신세대 며느리를 만난 격이다.

다음 날이 기일이라, 제사에 쓰려고 콩을 불려 간수를 부어만든 두부가 되기 전의 고소한 순두부는 누구든지 군침의 대상이다. 시부모님, 큰 형님, 둘째 형님, 3부부의 각 방에서는 낭군의 입을 즐겁게 만들어 주려고 누가 볼 새라 몰래 나와 조금씩 떼어 가 대접하니, 나중에 쓸 제사상이나 아이들 몫이 줄어 '어머, 두부가 요것뿐이 없었나'하면서도, 서로 진 죄로 눈도 마주치지 못하고 얼굴을 붉혔을 터이니, 얼마나 아름다운 모습인가.

형님은 매사에 앞서고도 남을 분이나 가방 끈이 짧아, 앞서는 사고를 받쳐주지 못하는 당신의 부족한 학식으로 용기를 뒤로 할 적도 있지만, 워낙 머리가 명석하다.

어릴 적 불렀던 들어보지 못한, 각양 각색의 귀한 옛 노래와 그에 얽힌 이야기를 들려주어 모두를 즐겁게 해준다. 만나면 즐거운 분, 귀만 즐겁게 해 주겠는가. 당신의 매력인 삶의 이력이 붙은 두꺼비 같이 믿음직한 큰손이 닿기만 해도 입에서 살살 녹는 맛난 것으로 입도 즐겁게 해주니, 두루두루 행복하게 해 주는 분이다.

연세로 그리 꼿꼿했던 허리가 구부정해 졌는데도 농사일을 놓지 않음은, 인정이 많음으로 하시는 말씀.

'내가 안 하면 누가 하누.'

'내가 놀면 같이 노는 저 논밭을 어찌 보누.'

'내가 움직거리면 이리저리 여럿이 나누어 먹을 수 있는 데 어찌 노누.'

우리들의 등대이신 형님,

강복(康福)과 함께 오래오래 사시길 기원합니다.

친 구 여

진드기처럼 머리에 달라 붙어있는 속성 때문에 시작한, 피의 아우성이 반란을 일으킨다.

엉켜있는 진드기에 질려 돌파구를 찾아 몸부림친다.

조그마한 틈새라도 발견하면 아우성, 그들이 한데 몰려 솟구친다.

생사의 여울목에 머물고 있는 네가 안타까워, 네가 쓰러진 그 시각에 붙들려 머물러 있다.

아직도 소녀같이 새초롬하게 예쁜 네 모습, 깍쟁이 같지만 감성적인, 홋홋거리며 웃기도 잘하는 생생한 너에게 길들여진, 너를 사랑하던 모든 이들에게 스톱머신의 마술을 걸어놓고 생사를 넘나드는 중환자실, 그이들과 무슨 이야기를 하고 있니.

빨리 털고 일어나, 나하고 놀자. 예전처럼. 아니 앞으로 더욱. 넌 나하고 덜 놀았어. 네 일에만 너무 매달린다고 지청구인 내 말을, 귓등으로 들은 네 죄를 넌 너무 잘 알고 있잖니. 빨리 일어나 갚아라.

요즈음엔 네 생각만 하면 자주 콧마루가 찡해지며 뜨거움이 눈으로 올라온다.

점점 성이 난다.

지금의 너를 인정하지 않으려 하나, 마음을 덮는 그림.

여러 개의 링거 줄에 매달려 있는 네 모습으로.

그 모습이 사실임에.

친구여, 부디 툴툴 털고 일어나 진드기 없는 여생을 보내자꾸나.

지난번 네가 한밤중에 눈이 아프다며 적외선을 눈에 쐬면서 전전긍긍할 때, 가족들 누구도 네 머리의 피의 아우성을 눈치 챌 새도 없이 비칠거리며 일어나지를 못했다. 앰뷸런스에 실렸으나 중 환자실에서 금새 의식이 돌아와, 나를 찾는다는 전화를 받고는 치마끈도 제대로 여밀 새 없어 치마를 움켜쥐고 고무신 짝짝이 신고 가는 어미의 심정일까.

급한 경황 중에도 '파리-루르드'의 기적 수와 묵주를 챙기며 '주여 무슨 변고입니까. 친구를 무사하게 돌봐 주소서.' 울먹이면서 중얼거렸다. '같이 퇴직하자고 그렇게 권

했건만. 여기까지 일려고 그렇게 열심히 살았던가. 주여, 꼭 한번만 봐주세요.'

다행이 그렇게 중증은 아니었다. 정말이지 큰 한숨 돌렸다. 나 자신도 번쩍 정신이 들면서 '우리 모두 여생에 대해 곰곰이 따져봐야겠다'는 생각이 들었다.

첫 날임에도 입이 약간 돌아간 것과 한쪽 팔이 조금 불편한 것 외에는 무사해, 아주 경미한 증상으로 한숨 돌리면서, 누구나 곧 쾌유하리라 보고 믿었다. 그래도 재발의 염려가 있어 조심조심 몸조심. 퇴원 후 통원 치료하며 섭생을 잘해 너무 좋아져, 거의 정상인과 똑같이 돌아가려고 최선을 다하는 네 모습이 고왔는데.

그제도 화기애애하게 전화 통화를 하면서, 우리 아들 취직도 같이 걱정하며 부탁한 것이 부담이 될까봐, 마음이 걸려 취소하려고 전화했는데.

"또 당했어요. 사업이고 뭐고 다 때려 치고 싶어요"하는 친구 남편의 말에 역정을 내며

"걘 너무 욕심이 많아. 너무 급하게 정상인처럼 행동하더니."

애간장이 다 녹았을, 그 남편에게 쏟아 부은 말이라니.

시어머니의 소상을 지낸 후, 함께 밤참을 들면서 담소하며 챙기다가 그 자리에서 쓰러지다니, 난 무언가에 뒤통수를 얻어맞은 기분이었다.

전근 간 학교에서 새 직책을 맡아 바쁜 와중에, 그녀의 팔순 시어머니의 병환이 중해져서 간병인이 필요해, 내 친척이 돌보기로 했다. 집도 인근이라 병 수발을 하는 친척과 그녀도 볼 겸해, 그녀가 퇴근할 때쯤에 가끔 찾아갔다.

그녀의 시어머니께서 돌아 가신지 얼마 되지 않아, 그녀가 쓰러진 것이 큰 충격이 되면서, 돌아가시기 며칠 전 내 친척과 그녀를 보는 눈빛이 너무 극과 극이었던, 쇠잔해 질대로 쇠잔해져 제대로 가누지 못하는 몸은 물론 말도 못하면서, 증오에 불타던 눈빛이 섬뜩하게 뇌리를 스쳤다.

금방 좋아져 퇴원을 한 그녀에게 조심스럽게 짧은 충고를 했다. 장기간 종교에 대한 가름이 서지 않아 무종교였으나, 불교를 믿는 시어머님을 의식해서 불교를 믿게된 그녀에게 적극 권했다.

기도로 어머님께 너 좀 잘 보살펴주시고 섭섭한 것이 있으면, 용서해 주십사 하고. 세상사에 집착이 강한 마음을 비울 것을 당부하고 또 당부했건만, 또 쓰러져 움직이지 못하고 말도 못하다니. 지난번보다 더욱 심한 중증으로 중환자실에 갇혀있는 너를 위해, 난 무엇을 할 수 있을까. 그저 새벽녘 묵주기도를 올릴 때, 간절히 간구 할 수밖에.

하루하루 이것저것을 하면서 자주, 네가 누워있는 쪽을 향해 눈길을 주면서 미안하게 생각한단다. 그저 이렇게 잘 움직이며 사는 것이 너무도 미안해서. 너무도 참담해, 우울하고 서글프다.

아픈 몸으로 내 딸 결혼식장까지 와서 너무도 고마웠고 식당을 찾을 여력이 부족해 그냥 돌아갔다는 네게, 짠한 마음이 들어 맛있는 것 사줄 거란 약속의 말도 지키지 못할 것 같은, 마지막으로 본 우아한 모습으로 내게 걸어오던 네 자태를 다시 못 볼 것 같은, 망발 섞인 생각이 기우이길 간절히 빌고 또 빈다.

교무실 안, 거의 나하고만 말을 하는 네 모습은 소녀의 모습 같았지. 간혹 무엇 때문인지 몰라도 자존심이 상해서일까, 모로 앉아 내게조차 눈길을 주지 않을 때는, 그런 성격과는 거리가 먼 난 공연히 신경이 쓰였다. '어떻게 하면 마음을 풀어 줄 수 있을까'하고.

20여년 전, 같은 학교에서 동 학년으로, 첫 대면 후 친해지면서 티격태격도 했지만, 그 이후 여태껏 한 번도 안 다툰 것이 신기했다. 넌 거만하리 만치 자존심 파였고, 난 욱하는 성격파인데도 네가 더 착함은, 별 볼일 없는 내게 언니같은 자리로, 서로간 묵인 하에 자리 매김 해준 일이지. 툭하면 난 너를 혼내주고 그런 내게 넌, 그래 맞아 안 그럴게로 응수했지.

넌 시 낭독을, 난 창작 시를 주고받으며 '소녀의 감성'을 나누었지.

네 소녀적 마음이 고조되어 내게 읊어주던 시가 생각난다.

'노천명'님의 '푸른 오월'이 가장 좋았다.

그렇게 긴 시를 외운 네가 경이롭기까지 했다.

고운 자태로 일어나 다시 들려주길 간절히 바란다.

청자(青瓷)빛 하늘이
육모정[六角亭] 탑 위에 그린 듯이 곱고,
연못 창포잎에
여인네 맵시 위에
감미로운 첫여름이 흐른다.

라일락 숲에
내 젊은 꿈이 나비처럼 앉는 정오(正午)
계절의 여왕 오월의 푸른 여신 앞에
내가 웬 일로 무색하고 외롭구나.

밀물처럼 가슴속으로 몰려드는 향수를
어찌하는 수 없어,
눈은 먼 데 하늘을 본다.

긴 담을 끼고 외딴 길을 걸으며 걸으며,
생각이 무지개처럼 핀다.
풀 냄새가 물큰
향수보다 좋게 내 코를 스치고

청머루 순이 뻗어 나오던 길섶
어디메선가 한나절 꿩이 울고
나는
활나물, 호납나물, 젓가락나물, 참나물을 찾던
잃어버린 날이 그립지 아니한가, 나의 사람아.

아름다운 노래라도 부르자.
서러운 노래를 부르자.

보리밭 푸른 물결을 헤치며
종달새 모양 내 마음은
하늘 높이 솟는다.

오월의 창공이여!
나의 태양이여!

꽃 다 발

꽃을 생각하면 만감이 교차한다. 누구나 꽃하고는 작고 큰 추억이 있으리라. 특히, 꽃씨를 뿌리고 매일 들여다본 사람은 누구나 그 경이로운 탄생에, 가슴으로 가득히 다가오는 잔잔한 희열을 맛보았을 것이다. 싹을 틔우고, 자라면서 잎이 하나 둘 생기고, 키가 크면서 꽃봉오리가 맺히고, 신비의 색을 띄며 피는 것을 보면서.

그런 꽃이기에 더욱 꽃에 의미 담기를 열망했을까. 청소년기엔 일선에서 뛰느라 꽃의 존재에 의미를 둔 적이 별로 없었다. 그냥 꽃이려니. 꽃은 다 예쁘지, 정도로만. 결혼 후 낭만이 내재된 속마음을 알게 되고, 그 흔한 연애편지와 꽃 한 송이가 없던 내 청춘이 아쉬워, 내 기념일에는 남편에게 한 송이 꽃이라도 받기를 열망했다.

결혼 20주년은 모처럼 의미를 크게 두면서 11월이기에 흔한 국화를 한 송이라도 원했다. '우는 아이 젖 준다'는 생각으로 며칠 전부터 꽃 한 송이 노래를 반복해서 불렀다.

"이번 결혼기념일에는 내가 그렇게 바라는 꽃을 한번만 사줘요. 다른 것 안 바랄게요."

"나는 못 사. 다른 물건도 잘 사지 못하는 내가 어찌 꽃을 사누. 쑥스럽게."

어쨌거나 모처럼 저녁때 뷔페에서 만나기로 하고 꽃을 사오라고 신신 당부했기에 '꽃을 받을 수 있을까'하는 기대를 걸면서 나갔는데, 남편은 빈손이었다. 와락 기분이 깨지면서 가까이 사는 절친한 친구에게 전화를 걸었다. 이만저만하니 여기로 오라고 하면서, 꽃을 사 갖고 오게 했다. 그것도 오래 전 남편과 사별하고 혼자 사는 친구에게.

생의 리듬을 만들어 가기 바라는 간절한 마음으로 당시에는 우를 범 한지도 몰랐으니, 나이 먹어 감은 서러움일까. 까탈도 포기하고 대신할 친구의 부름이 부끄러웠다고 기억되니. 격의는 없다해도 내 요구가 지나쳐 욕구의 우를 범했으므로.

내 욕구의 내면에는 낭만의 순수에서 시작한 것이 억지 심정으로 변함이라 변명하고 싶은 것은

"꽃을 사는 것은 낭비야. 내 생전에 그런 일을 없을 거

야"했던 전근대적인 생활타입의 불문율을 깨고싶은 욕구가 더 강했다. 꽃을 사게 함이, 근대적이고 지나친 내핍함에서 현대적이고 낭만적인 사람으로 만드는, 한 방의 강타로 여겼기에.

사람을 개선시킨다는 것은 참으로 어렵다. 남편과 개선을 묶어 생각할 때는 앞에 캄캄한 장벽이 있는 것 같다.

'개혁은 달리는 기차에 대고 강아지가 짖는 것만큼이나 어렵다'고 했던가.

남편에게서 막힌 염원을 대신해 준 것은, 학교 근무 시절에 애(愛)제자들 손으로 건네 받은 무수한 꽃으로 마음의 위안을 받았다.

학부모에게도 종종 꽃의 마음을 기쁘게 받았는데, 그 중 가장 기억에 남는 것은 제자 아빠가 직접 들고 온 일이다. 생전 처음 받는, 아주 커다랗고 멋진 꽃바구니를.

스승의 날 일로, 그 해엔 「학부모 학교내방근절」을 단행해야 한다면서 몹시 말이 무성한 중에 '스승의 날에 누구도 카네이션 한 송이라도 사 들고 오면 교문을 들어오지 못한다'는 통지서도 보낼 때라, 커다란 꽃바구니를 들고 성큼성큼 긴 복도를 울리면서 교실까지 와, 내게 정중하게 절까지 하면서 건네주던 일은 더욱 획기적인 일이었다.

나중에 그 제자 엄마에게 들었다. 퇴직한 지금도 계속

'만남의 장'을 만드는 여덟 엄마들 중의 한 엄마인 그녀가

"여보, 이번 스승의 날에는 선생님께 절대로 꽃 한 송이라도 선물해서는 안된 대요."

"무슨 소리야. 참으로 딱한 노릇이네. 당신이 곤란하면 내가 직접 갖다드리지. 항상 애쓰시는 선생님께 진정으로 고맙다는 마음을 표하는데, 무엇이 잘못된 것인가. 내가 찾아가 뵙고 나서 출근하리다."

중소기업을 하는 분으로, 사원들도 가족처럼 돌본다는 그의 회사가 IMF 관리체제 때는 오히려 더 잘 되었다한다. 어려울수록 더욱 똘똘 뭉치는 사원들로 인해서.

장미 한 다발이 모양이 변치 않고 고이 마른 채 벽에 걸려 있다. 그 것의 주인공은 시집가고 없는데. 딸아이가 소개로 만난, 남자에게 받아온 것이다.

만난 지 1년 반만에 결혼한 사위가 준 첫 번째 꽃으로, 그 후에도 그들만이 정한 기념일마다 크고 작은 꽃다발이나 바구니를 선사하니, 받은 꽃다발을 다 말리다가 이제는 기념비적인 그 꽃다발만 남긴 것이다.

그들 둘이서 엄마의 염원을 풀 듯이 그대로 했으니, 딸이 꽃 때문에 마음 쓸 일은 없겠다.

대신 자상한 사위를 두었으니, 언젠가 내게도 꽃을 사들고 올 적이 있겠다.

아버지를 닮은 아들에게도 받기를 기대한다.

못다 한 낭만을 함께 할
꽃이기에
어느 누가 준다면
무조건 기쁠 것을
마음이 담긴 꽃이면
더욱 더
희망을 건다.

바다로 향한 첫 걸음

조 재 은 (분당수필학회 회장)

매서운 겨울 바람을 막을 방한복도, 머리로 내려 쪼이는 햇볕을 가릴 모자도 없다. 발은 물집 투성이고, 손은 넘어지다 잡은 가시나무에 찔려 피가 나지만 걸어야 한다. 네가 선택한 길이다. 꿈을 잊지 말아라. 환경이나 조건을 돌아보면 안 된다. 미련 때문에 소금기둥이 된 롯의 처를 기억하라. 홍 지현은 이 말을 가슴에 새겼고 순종했다.

'메기에게 먹히지 않는 청어처럼.'

누구에게나 자신의 일생은 소설이고, 첫사랑은 시가 되어 가슴에 묻어두고 한숨으로 기억한다. 그러나 쏟아내고 토해내지 않으면 기억에 산화되어 버리는 사람이 있다. 홍 지현이 살아낸 시간과 경험의 얘기에서는 승화된 문학작품보다 살아있는 육성이 들린다. 좌절의 문턱에서 어떻게 일어섰는가, 자신의 목표 달성을 위해 얼마나 몸부림쳤는가, 꽃 한 송이 받지 못한 젊은 시절을 지나 제자에게 수십 송이의 꽃이든 바구니를 받은 교사가 되기까지의 이야기를 담담하게 때로는 생목소리에 힘주어 들려준다.

홍 지현이 지나온 얘기를 읽고 있으면, 어느 누구도 자신의 삶에 대한 어떤 불평이나 핑계도 할 수 없게 된다. '메기와 청어'에서는 새벽 수산시장에서의 생의 비릿한 내음과 생명이 느껴진다.

'메기와 청어'에서 삶의 소중함과, 그 얘기에 비추어 자신을 돌아 볼 수 있다면, 우리 또한 죽은 청어는 되지 않을 것이다.

홍 지현을 만나면 다소의 긴장감이 느껴진다.

그 긴장감은 어릴 적부터 지금까지 넘어졌을 때, 아무도 일으켜 주지 않기에 아픔을 참고 혼자 일어나 무릎을 터는 아이의 독립심 넘치는 의연함 같은 것이다. 수없이 넘어져도 다시 일어난 다리에는 분투의 무릎보호대가 단단히 감겨 있는 듯하다.

게으름을 모르는 생활은 수필공부에서도 나타났다.

수필공부를 시작하고 몇 달 지나지 않아, 계획하고 있던 자서전을 쉼 없이 써 내려갔다. 그 저력은 문학에 대한 열정 때문이다. 자서전 출간은 꿈꾸던 문학을 향한 힘찬 첫 걸음이다.

홍 지현만이 갖고있는 경험은 보석 같은 글감이 되고, 열정은 거름이 되어 자신만의 찬란한 수필세계를 펼칠 것이다.

청어는 메기에게도 안 먹힐 것이고, 고래와 있어도 살아남을 것이다.

메기와 청어

인쇄일 초판 1쇄 2002년 02월 05일
2쇄 2017년 09월 15일
발행일 초판 1쇄 2002년 02월 15일
2쇄 2017년 09월 25일

지은이 홍 지 현
발행인 정 진 이
발행처 새미
등록일 2005.03.15. 제17-423호
서울시 강동구 성내동 447-11 현영빌딩 2층
Tel : 442-4623~4 Fax : 442-4625
www. kookhak.co.kr
E- mail : kookhak2001@hanmail.net

ISBN 978-89-5628-430-9 *03810
가 격 8,500원

* 새미는 국학자료원 의 자매회사입니다.